Das Wichtigste im Leben

Worte mit Herz und Verstand

Ausgewählt und herausgegeben
von Ulrich Peters

Patmos Verlag

VERLAGSGRUPPE PATMOS

PATMOS
ESCHBACH
GRÜNEWALD
THORBECKE
SCHWABEN

Die Verlagsgruppe
mit Sinn für das Leben

MIX
Papier aus verantwortungsvollen Quellen
FSC® C014496
FSC www.fsc.org

Für die Schwabenverlag AG ist Nachhaltigkeit ein wichtiger Maßstab ihres Handelns. Wir achten daher auf den Einsatz umweltschonender Ressourcen und Materialien.

www.patmos.de

Umschlaggestaltung: Finken & Bumiller, Stuttgart
Druck: GGP Media GmbH, Pößneck
Hergestellt in Deutschland
ISBN 978-3-8436-0603-5 (Print)
ISBN 978-3-8436-0604-2 (eBook)

Inhalt

Wesentlich werden

Eine Einladung

In unserem Leben geht es um nicht weniger als Alles. Oder, mit den Worten Eugen Drewermanns: „Es geht um Leben und Tod, Sinnsuche und Verzweiflung, Liebe und Angst, Sehnsucht und Einsamkeit – um den Bestand der Welt, die jeder für sich selbst entwirft oder in die hinein er sich geworfen sieht.“ (Das Richtige im Leben tun, 16.)

Aber trotz der Größe dieser Aufgabe ist dieses Alles nicht zu viel für ein Leben – es ist überhaupt kein quantitatives Maß, sondern ein qualitatives. Viel ist nicht dasselbe wie Fülle, und ein volles Leben garantiert noch längst keine Vollendung. Es heißt, nicht die Jahre in unserem Leben zählen, sondern das Leben in unseren Jahren. Darum geht es. Es geht um eine Art Schatz, der in der Mitte unseres Lebens, der Tiefe unserer (All)Tage verborgen liegt und jene, die ihn zu entdecken vermögen, beschenkt und reich macht mit Wissen und Weisheit um die Dinge, die wirklich wichtig und wesentlich sind.

Aus Eugen Drewermanns Worten strömt uns solch innerer Reichtum zu. Als Therapeut und Theologe ist er wie kaum ein anderer mit den Träumen und Sehnsüchten heutiger Menschen vertraut. Er entschlüsselt die Weisheit der Märchen, Mythen und Religionen und erschließt ihre alte und immer neue Wahrheit als Kraft, die das Leben verwandeln kann. Seine Worte weisen den Weg aus der Enge der Angst und in die Tiefe der Seele, in der unser Leben in das Kraftfeld der Liebe gerät. Sie erzählen von der Zauberwelt der Zuversicht und der Energie des Vertrauens. Sie ermutigen uns, unseren tiefsten Träumen zu trauen, mutig Mensch zu sein und zu erleben, wie Gott in uns reift und unser Leben märchenhaft wird. Sie heilen Verwundungen und eröffnen eine Welt voller Wunder, den Reichtum, der in uns ruht und nur darauf wartet, geweckt zu werden. Sie inspirieren, unsere besten Kräfte zusammenzunehmen un(d)endlich zu leben.

Als Verleger bin ich stolz und dankbar, dass Eugen Drewermann uns sein Werk anvertraut hat. Als Leser schöpfe ich nicht weniger dankbar Vertrauen, Lebenskraft und Inspiration aus seinen Worten. Dieser Band versammelt einige seiner wichtigsten Gedanken und schönsten Texte, einen Querschnitt und kleine Summe aus der Substanz von Drewermanns vieltausendseitigem und unerschöpflichem Werk. Aber diese Sammlung hat es in sich. Angesichts einer Situation, in der jede und jeder von uns in der Gefahr ist, sich im Vielerlei seiner Aufgaben und seines Alltags, von Nachrichten, Notwendigkeiten und Neuigkeiten zu verlieren und in der selbst Freizeit zu einer Forderung wird, laden sie selbstbewusst dazu ein, sich einfach zu sammeln und zur Mitte und Achse des eigenen Lebens zurückzufinden. Die Hoffnung, die in allen seinen Gedanken steckt und letztlich seine Worte, seine Werke und sein Wirken tragen, ist Eugen Drewermanns Wunsch, es möge der Welt und den Menschen gelingen, wirklich wesentlich zu werden. Das ist das Wichtigste. Wie gesagt: Es geht um Alles, um nicht mehr und nicht weniger.

Eugen Drewermann formuliert seine Einladung selbst so: „Es ist das Wichtigste, was wir im Leben lernen können: das eigene Wesen zu finden und ihm treu zu bleiben. Allein darauf kommt es an, und nur auf diese Weise dienen wir Gott *ganz*: daß wir begreifen, wer wir selber sind, und den Mut gewinnen, uns selber zu leben. Denn es gibt Melodien, es gibt Worte, es gibt Bilder, es gibt Gesänge, die nur in uns, in unserer Seele schlummern, und es bildet die zentrale Aufgabe unseres Lebens, sie auszusagen und auszusingen. Einzig zu diesem Zweck sind wir gemacht; und keine andere Aufgabe ist wichtiger, als herauszufinden, welch ein Reichtum in uns liegt. Erst dann wird *unser Herz ganz*, erst dann wird *unsere Seele weit*, erst dann wird *unser Denken stark*. Und erst mit *allen* Kräften, die in uns angelegt sind, dienen und preisen wir unseren Schöpfer, wie er es verdient." (Markus II, 289f.)

Ich widme diesen Band Eugen Drewermann zum 75. Geburtstag und in Dankbarkeit für viele Jahre ungewöhnlich reicher, reifer und freundschaftlicher Zusammenarbeit.

Ulrich Peters

Zauberwelt der Zuversicht

oder:
Wie wir der Enge der Angst entkommen

„GEBT GOTT, was Gottes ist“ (Mt 22,21) – das ist praktisch übersetzt, gerade so viel wie: „Gebt den Menschen den Mut, endlich zu leben.“

Matthäus III, 97, 328

KEINE BESSERE VERKÜNDIGUNG ist als ein Mensch, der zu leben beginnt, und der schönste Lobpreis Gottes ist ein glücklicher Mensch. Wem das zu wenig ist, der hat keine Ahnung, wie gefährdet wir wirklich sind, wie ausgespannt zwischen Himmel und Abgrund. Dies, einen Menschen lebendig zu machen, ist das einzige Wunder in der Nähe Gottes; wer da auf andere wartet, vertut sich oder macht aus dem Evangelium einen abergläubischen Humbug. Denn so ist Gott nicht, daß er irgendetwas sternschnuppenartig an uns vorbei in unser Leben fallen lässt. Das ganze Evangelium besteht darin, daß wir es durch uns leben auf den anderen hin, und dann wird man sehen, was stimmt. Da mag man staunen und dankbar sein, aber es ist am Ende alles, was der Gott Israels zu sagen hat. Dies, daß er mit uns geht, ist die einzig wichtige Erfahrung der ganzen Bibel, und daß er bei uns ist und möchte, daß wir leben. Die Verherrlichung Gottes besteht darin, gemeinsam zu kämpfen gegen jede Art von Krankheit, die aus Angst, Mutlosigkeit, Verzweiflung und Enge entsteht. Und das beste Gebet, das wir an Gott richten, ist dieses: uns aufzurichten und gerade zu gehen und hellen Auges zu blicken und mutig zu sprechen das bißchen Wahrheit, das wir leben können.

Und legte ihnen die Hände auf 131

WIR SIND IN DIESES DASEIN GETRETEN als erwünscht, als eingeladen, als berufen. Es gäbe uns nicht auf dieser Erde, stünde nicht ganz sicher fest, daß Gott uns an seiner Tafel haben möchte. Wenn dieses Gefühl, beliebt genug zu sein, um dazuzugehören, tief genug ist, braucht die Profilierungsneurose uns nicht mehr zu verschleißen in endlosen Quälereien. Es ist möglich, ruhig dabeizusein, den anderen gelten zu lassen und selber einfach den Ort einzunehmen, an den das Schicksal uns hinstellt. Mehr ist gar nicht nötig, als den Platz auszufüllen, der für uns richtig ist.

Aber fühlen, denken sollten wir, daß dieses ganze Dasein wie ein Geschenk ist, wie ein Segen ... Dieses Gefühl trägt hin zu Gott. Eingeladene sind wir, bei Gott Angekommene sind wir, und wir brauchen es nicht mehr zu erzwingen und zu betreiben im Konkurrenzkampf untereinander ... Ist es nicht so, daß wir unser Dasein völlig anders betrachten könnten, fühlten wir uns einmal wirklich als Eingeladene? Wir brauchten um die Eintrittskarte nicht zu kämpfen, wir müßten nicht erst beweisen, wer wir sind, durch Leistung, Anstrengung als Emporkömmlinge. Wir wären höchst erwünscht im Leben und es gäbe unsichtbar so etwas wie einen Anruf, der uns erreicht und bittet, da zu sein in dieser Welt: Was wir das Leben nennen, sei nicht der Kampf der Fittesten gegen die Konkurrenten, sondern eine Vorbereitung für ein königliches Mahl; an dieser Tafel Platz zu nehmen sei unsere Würde, die uns unsichtbar schon jetzt verliehen sei.

Wenn der Himmel die Erde berührt 134f., 142f.

„DIE GOTTESFURCHT IST DER WEISHEIT ANFANG"? Soll wirklich das Verhältnis zwischen Gott und Mensch gründen auf Angst, eben auf „Furcht"? … Allein daß hier die Rede geht von Gottes*furcht*, ist ein schlimmes sprachliches Mißverständnis des hebräischen Textes. Es sollte freier und richtiger übersetzt heißen: allein Gott ernst zu „nehmen", und es würde so viel bedeuten wie: vor nichts anderem Respekt zu haben und nichts anderes für letztgültig zu erklären außer allein Gott! Alle anderen Dinge verdienen in diesem Sinne nicht, daß man sich von ihnen ins Bockshorn jagen lässt, denn einzig wichtig und einzig notwendig als Maßstab des Lebens, als Garant von Vertrauen, als Rückhalt im Dasein ist Gott allein. Statt mit „Gottesfurcht" sollte man das Wort deshalb übersetzen mit: „sich festzumachen allein in Gott".

Ist das aber nun der *Anfang* der Weisheit? Natürlich nicht! Sondern der „Anfang" ist im Hebräischen so viel wie das Prinzip, der Inbegriff, nicht der zeitliche Beginn, sodaß danach noch eine Folge anderer Dinge kommen könnte, anstelle der Gottes*furcht* z. B. die Gottesliebe; es ist ja gar nicht möglich, mit *Furcht* zu beginnen und dann aus der Schreckensgewalt Gottes am Ende die Liebe zu Gott zu läutern. Wenn man aber sagen würde: „sich allein in Gott festmachen", so bildet eine solche Haltung in der Tat die Grundlage, das Prinzip von allem, was einen Menschen richtig leben läßt; dementsprechend hätten wir in einer solchen Paraphrase den Inhalt dieses Satzes gewiss einigermaßen richtig wiedergegeben …

Wer Gott findet, wer ein Gegenüber hat, dem er absolut vertrauen kann, und damit aufhört, irgendetwas auf der

Welt sonst noch zu „fürchten“, der reift wie ein blühender Baum, und die Schönheit seines Wachsens und die Fülle seiner Früchte sind das, was wir weise nennen. Ein ganzer Mensch zu sein, geboren aus Vertrauen statt aus Einschüchterung und Furcht.

Ein Mensch braucht mehr als nur Moral 381f., 401

ES IST UND BLEIBT DIE EWIGE FRAGE der menschlichen Geschichte, von welchen Mächten wir uns im letzten bestimmen lassen. Einzig die Liebe ist imstande, einen Menschen als göttlich zu erkennen; und einzig die Angst ist imstande, einen Menschen zum Gott zu erheben; an diesen beiden Möglichkeiten entscheiden sich Himmel und Hölle. Jede Verbundenheit der Liebe zu einem anderen Menschen besitzt die Kraft, die eigene Person wie die Person des anderen zu erweitern, zu bestätigen und zu verselbständigen jede Angstbindung hingegen verkleinert, demütigt und versklavt; während die Liebe bereichert, beutet die Angst nur immer weiter aus.

Markus I, 359f.

DAS, WOVOR WIR AM MEISTEN ANGST HABEN, ist häufig das, worauf wir am meisten hoffen. Das, was wir oft wie einen Alptraum fürchten, erweist sich nach Wegfall der Angst nicht selten als Inhalt längst verschwiegener Wunschträume.

Markus I, 447

JEDE ART VON ANGST LOHNT SICH, sofern Sie Menschlichkeit gebiert; jedes Ausweichen aus Angst aber schafft nichts als Demütigungen, Beschämungen und Erniedrigungen und eine nicht endende Kette von Schande und Pein …

Die Angst … fängt an der eigenen Gartentür an und hört nicht auf bis zum Rand der Welt. Wir haben Angst vor allem, vor den Mitbewohnern, den Nachbarn, den Verwandten, vor den Kollegen, vor jedem, dem wir gerade in die Augen schauen. Aber wichtiger als unsere Angst ist es, daß wir uns selber anschauen können. Dahinter gibt es kein Zurück. Am Ende gibt es nur eines, was wir fürchten sollten: aus lauter Angst schließlich überhaupt nicht wirklich zu leben.

Markus I, 568f.

WEISS GOTT, ES GIBT DIESE ANGST einer äußersten Verlassenheit, in der ein Mensch sich wie lebendig tot empfindet, als bedeckte ihn bereits der Staub der Verwesung und als gäbe nur noch der heiße Atem seiner Not ein letztes Zeugnis von seinem Leben, das längst schon aufgehört hat, noch weiter lebensfähig zu sein: er hat die einzige Sünde begangen, die das Leben niemals vergibt: er hat sich verloren.

Markus II, 491

DAS LEBEN IM FELDE DER ANGST, der Mangelhaftigkeit und des Ungenügens, der Selbstübersteigung und der lateralen Feindseligkeit ist nicht nur tödlich, es ist mörderisch. Und so leben wir denn alle, meint die Bibel, als Menschen, die es nicht aushalten, nur Kreatur, nur Mensch zu sein, Behinderte der Schöpfung, die versuchen, sich selber aus dem Staube als ein Phönix neu zu schaffen, Elende, denen der Mut fehlte, sich zu den eigenen Schwächen zu bekennen, Daseinslügner und Verkrochene, die sich vor den kritischen Augen der anderen nur im Schutze ihrer Feigenblätter darzubieten wagen, und Wesen, die nur eines retten könnte: ein rückhaltloses Eingeständnis dessen, was sie sind. Aber um wahr zu sein, bedarf es ... eines Vertrauens, absolut akzeptiert und anerkannt zu sein, und gerade dieses Vertrauen erscheint im Umkreis der Angst ... als das Allerunmöglichste und das Allerunwahrscheinlichste. Nichts ist in der Höhle der Gnadenlosigkeit und Angst so schwer, wie etwas Wärme, Menschlichkeit und Güte im Umgang mit sich selber neu zu lernen: Es stellt die ganze Kunst des Überlebens im ewigen Eis völlig in Frage, es droht, die Sicherheit der Iglus zu zerschmelzen und die tote Schönheit der Eisblumen abzutauen; es droht, die eigene Existenz wieder auf eben den Nullpunkt zurückzuwerfen, von dem man doch sein Leben lang loskommen wollte. Aber nur so gewinnt das Dasein seine Leichtigkeit und seine Menschlichkeit zurück, und gerade die Unerträglichkeit jedes andern Versuchs zu leben zeigt auf die Dauer immer unausweichlicher, daß allein das Vertrauen und die Gnade den Menschen menschlich leben läßt. Oft genug erst, wenn gar nichts anderes mehr übrigbleibt, unter dem Druck des Leids, angesichts eines drohenden oder bereits ins Haus stehenden physischen oder psychischen Zusammenbruchs, merkt man wie einfach dieses Leben wirklich sein kann, wenn man es sich nicht immer wieder mit Minderwertigkeitsgefühlen, Selbstüberforderungen und Ängsten aller Art verstellt.

Psychoanalyse und Moraltheologie III, 51f.

NICHTS IST SO SCHWIERIG, wie angesichts der Angst menschlich zu bleiben, wahr zu bleiben, gütig zu bleiben und nicht in die Macht, in die Lüge, in die Zerstörung auszuweichen. Aber das wollte Jesus sagen, und das war sein ganzes Leben: daß wir von Gott her die Angst besiegen könnten und als freie Menschen zu leben vermöchten.

Markus II 658

AN SICH GIBT ES IN DER SEELE VON MENSCHEN KEINE MACHT, die derart alle Kräfte der Persönlichkeit gegen die Zersplitterungen der Angst sammeln und zusammenführen könnte, wie die Haltung eines grundlegenden Vertrauens. Nur in der Sphäre einer Geborgenheit, wie sie einzig der Glaube eröffnet, kann ein Mensch zur Einheit mit sich selbst gelangen, und es ist letztlich sein Verhältnis zu Gott, das darüber entscheidet, in welch einem Verhältnis jemand zu sich selber steht.

Markus II, 79

KEIN PROBLEM, das es wirklich gibt, LÄSST SICH AUF DIE DAUER VERMEIDEN, und die meisten seelischen Erkrankungen entstehen gerade dadurch, daß Menschen sich bestimmte Fragen über Gebühr vom Halse halten möchten. Je seelisch gesunder hingegen ein Mensch ist und je mehr ihm die Organe des „Sehens“, des „Zugreifens“ und des „Feststehens“ als seine eigenen zur Verfügung sind, desto konfliktfähiger und widerstandsbereiter wird er auch nach außen hin sein: gerade ein Mensch, der gelernt hat, seine Angst in sich selbst zu besiegen, wird umso gefestigter und geschlossener den Widersprüchen seiner Umgebung entgegentreten können.

Markus II, 80

Energie des Vertrauens

oder: Warum wir Religion nötig haben

WENN DIE „ENERGIE" DES VERTRAUENS UND DER LIEBE, die von einer anderen Person ausgeht, uns so ergreift, daß sie uns wie im Rhythmus des eigenen Seins durchfließt und alles in uns verstärkt, anregt und auf ein Niveau hebt, zu dem wir von uns selbst her niemals imstande gewesen wären, so hat man in etwa ein Modell, um zu verstehen, was bei dem Vorgang geschieht, der theologisch als „Glauben" bezeichnet wird: ein Ergriffenwerden und Einschwingen in die pulsierende Kraft, die das gesamte Weltall durchströmt und die dennoch unendlich mehr ist als nur eine „Kraft", da nur eine Person auf uns als Personen mit jener unvergleichlichen Energie zu wirken vermag, die wir „Liebe" nennen.

An ihren Früchten sollt ihr sie erkennen 61f.

DIE ANSICHT MANCHER RELIGIONSPSYCHOLOGEN, daß die Religion aus Angst und Hilflosigkeit entstanden und deshalb als haltlose Illusion zu betrachten sei, verkennt, daß es zum Menschen wesentlich gehört, Ängste zu haben, die unendlich sind und im Endlichen nie eine Antwort finden, und daß es zudem auf eine Verwechslung von Ursache und Wirkung hinausläuft, das Heilmittel einer Krankheit als Produkt der Krankheit zu interpretieren. So wie der Durst eines Menschen in gewißem Sinne ein Beweis für die Existenz des Wassers ist oder wie etwa die Flugunruhe der Vögel um Anfang Oktober beweist, daß es wärmere Länder im Süden der Erde geben muß, so ist die Sehnsucht des Menschen nach Gott ein Beweis für die Existenz des Göttlichen. „Du würdest mich nicht suchen, wenn du mich nicht schon gefunden hättest“, läßt Blaise Pascal in den „Pensées“ Christus zum Menschen sprechen. Wir Menschen sind auf dieser Welt die einzigen Lebewesen, die sich ängstigen können und müssen vor der Nichtigkeit und Zufälligkeit alles Existierenden; wir sind die Einzigen, denen die Welt erscheint wie ein Meer, über die sie nur zu schreiten vermögen mit dem Blick auf eine Gestalt, die vom anderen Ufer uns entgegenkommt.

Marienkind 54f.

WIE NÖTIG WÄRE RELIGION! Wer, wenn nicht sie, könnte den Menschen sagen, daß sie *mehr* sind als Übergangsgebilde im Stoffwechselhaushalt der Natur, daß sie zu schade sind, um sich als Konsumenten und als Produzenten im Wirtschaftskreislauf dubioser Kapitalverwerter zu verschleißen, daß sie es nicht verdienen, ihren Wert als Leistungsträger bei der Sicherung des Industriestandorts der BRD oder irgendeines anderen Landes im globalen Konkurrenzvergleich bestimmt zu finden?

Auf daß Menschen eine absolute Geltung haben, bedarf es eines absoluten Gegenübers ihrer Anerkennung. Ein solches Gegenüber kann und darf nicht die Natur, nicht die Gesellschaft, nicht ein Zweckverband aus Industrie und Militär und Banken sein. Wie aber glauben an ein Absolutes, auf daß Menschen nicht länger mehr als Mittel für die Zielsetzungen anderer versklavbar sind?

Es müßte einen jeden die Religion begleiten auf dem Weg zu seiner Freiheit. Sie müßte die verinnerlichten Zwänge seiner Seele durcharbeiten, in denen andere mit scheinbar göttlicher Autorität vor ihn hintraten und ihn nach *ihrem* Bild zu formen suchten, – vom eigenen Vater in den Kindertagen über den Lehrer in der Schule, den Pastor in der Kirche, den Spieß auf dem Kasernenhof, den Herrn Professor auf dem Universitätsgelände bis hin zum Chef der *belle etage* des Glashochhauses eines systemrelevanten Großkonzerns … Sie alle sind nicht Gott, sie sind nur lächerlich, wenn sie versuchen, so zu tun.

Doch das zu spüren macht auch Angst. Leichter, als seine Freiheit zu riskieren, ist es in jedem Falle, einzutauchen in die Fremdbestimmung anderer; statt selbst zu sein erscheint es einfacher zu tun, was alle sind und machen; Normalität statt Individualität – nach *dem* Konzept besorgt, versorgt man stets ein nur uneigentliches Dasein, das nie zum Leben kommt, weil es im Kampf ums Überleben sich und alle Welt in die Begräbnisstätte seiner selbst verwandelt.

Nötig wäre die Religion! Doch so, wie nötig, ist sie nicht.

Denn selber tritt sie auf als göttliche Autorität, verbreitet Angst vor Gott, um selber Macht zu haben über Menschen und augenscheinlich hält sie es zum Selbsterhalt konstant mit dem, was Geld und Geltung bringt.

In seiner institutionalisierten Form hat religiöser Glaube seine Glaubwürdigkeit endgültig eingebüßt.

Wendepunkte 9f.

REIN „NATURWISSENSCHAFTLICH" ZEIGT SICH DAS DASEIN unbezweifelbar so: Wir kommen aus dem Nichts, und wir gehen ins Nichts, und was dazwischen liegt, unser Leben, dient einzig dem Zweck, Leben weiterzugeben. Das Nichts, das wir sind, gibt sich den Anschein, etwas zu sein. Das ist alles. Es ist gar nichts, – der mutwillige Versuch einer Selbsttäuschung. Doch was ist es dann mit der Religion? Ist auch sie nur ein Versuch, sich etwas vorzumachen? Oder verweist sie auf eine Wahrheit, die nötig ist, um „richtig" zu leben? Eine „Wahrheit", die man braucht, um „richtig" zu leben, steht von vornherein in Verdacht, bloßem Wunschdenken zu entstammen. Doch vielleicht verhält es sich gerade umgekehrt, und die Menschlichkeit, die der Glaube gebiert, „beweist", daß die Religion wahr ist, wenn sie das Leben in einer Liebe birgt, die den Tod besiegt. Naturwissenschaftliches Denken kann Tatbestände erklären, doch was wir tun sollen, sagt es uns nicht, und noch weniger sagt es, wer wir selbst sind. Das vermag uns nur jemand anzuvertrauen, der uns sehr liebt.

Doch wem ist Liebe zu glauben? Und was alles nennt sich nicht Liebe? In INGMAR BERGMANS (1918–2007) Film *„Wie in einem Spiegel"* sagt David am Ende zu seinem Sohn: „Es steht geschrieben, daß Gott die Liebe ist ... Ich will dir nur meine eigene Hoffnung andeuten ... Es ist das Wissen, daß Liebe als etwas Wirkliches in der Welt der Menschen existiert." David meint ausdrücklich nicht „eine *besondere Art* Liebe"; er meint: „Jede Art von Liebe ...! Die höchste und die niedrigste, die armseligste und die reichste, die lächerlichste und die schönste. Die besessene oder krasse. Jede Art von Liebe ... Sehnsucht und Verleugnung, Mißtrauen und Vertrauen." Einzig die Liebe ist diesen Worten nach imstande, die Verstellungen zu öffnen und die Verformungen zu überreifen, an denen sie selbst leidet, und es ist dieser Glaube an die Macht der Liebe, der sich in allen Religionen ausspricht und sich, trotz allen Unglücks, allen Unheils, alles Ungemäßen, in allen Mythen der Antike darstellt.

Liebe, Leid und Tod 35

DIE HOFFNUNG, es möchte möglich sein, auf dieser Erde endlich miteinander in Frieden und Gerechtigkeit zu leben, wurde aufs bitterste enttäuscht. Gekommen ist nicht eine „bessere" Welt, gekommen sind die Realisten, die Pragmatiker, die Utilitaristen, die Opportunisten, und sie reden von Verantwortung, von Sachzwängen, von Wirtschaftswachstum unter allen Umständen und buchstäblich um jeden Preis; als unverantwortlich erscheint es jetzt, an Idealen, Utopien und Prinzipien noch länger festzuhalten. Die Zeit der Träume ist vorbei; die Kinder schon kann man nicht früh genug heranführen an die Härte der Lebenswirklichkeit. Man muß sie ausbilden, um fit zu sein für den weltweiten Konkurrenzkampf der Ausbeutung menschlicher Arbeitskraft.

Die Erwartung, die Welt lasse sich nach religiösen Idealen umgestalten, hat sich scheinbar als trügerisch erwiesen; die Religion in der tradierten Form ist nichtssagend und leer geworden. Doch sonderbar: Gerade damit wird erst wirklich klar, was Religion zu sagen hätte. Erst jetzt wird vollends offenbar, daß es von Grund auf falsch war, Religion mit Ethik gleichgesetzt zu haben. Die Religion, speziell die christliche, hat mehr, unendlich mehr und tieferes zu lehren als: „Du mußt", „Du sollst" und: „Du darfst nicht". Sie bietet in gewissem Sinne allererst die Grundlage dafür, daß Menschen hinreichend mit sich identisch sind, um tun zu können, was sie moralisch wollen und was sie ethisch sollen. Die Religion kommt erst zu ihrer Wahrheit, wenn sie abläßt davon, nichts weiter sein zu mögen als eine Ideologie des Staatserhalts. Die Menschen brauchen anderes ...

Wendepunkte 15f.

DIE MENSCHEN allerdings ... GEHEN UNTERDESSEN SELBER AUF DIE SUCHE. Das All, das Universum, die Natur tritt für sie an die Stelle Gottes; das Einssein mit dem Kosmos gilt ihnen als Gebet; das Einverständnis, daß doch alles kommt, wie's muß, und daß es gut ist, wie es ist, ersetzt ihnen den Gottesglauben; und sich im Gang des Ganzen aufzulösen, kompensiert für sie die Hoffnung auf Unsterblichkeit. Fast wird es eine Lust, die Personalität des Menschen als ein scheinbar zu Begrenztes zu negieren und eine Frömmigkeit im Jenseits eines personalen Gottes zu erträumen; man gibt sich das Versprechen, auf diese Weise eine Weisheit zu besitzen, in der die Unterschiede zwischen Gott und Welt, Mensch und Natur, Seele und Leib, die Differenzen auch zwischen den Religionen selbst in mystischer Alleinheit wie von selbst verschwänden, – eine Toleranz der Indifferenz zur Überwindung der Intoleranz und Divergenz vor allem der monotheistischen Offenbarungsreligionen. Bei den Nachdenklichen erübrigt sich die Metaphysik der abendländischen Theologie nunmehr durch eine physikalisch argumentierende Naturphilosophie, bei der gewisse überraschende Aussagen der Quantentheorie, nicht selten in Kombination mit esoterischen Anschauungen und Praktiken, wie ein Beweis dafür genommen werden, daß die Natur schon selber jene Transzendenz des Wissens, des Bewußtseins, des nur Materiellen, des Endlichen, des Definierbaren aufweist, die vordem sich mit der Idee von Gott verband. Kein Plan, kein Wille mehr gestaltet sonach diese Welt, dafür ein Es, ein Ist, ein Muß, – etwas Unendliches, das alles in sich schließt, indem es, was da ist, aus sich hervorbringt und in sich zurücknimmt. – Die Anziehungskraft solcher Lehren ergibt sich nicht aus ihrer Wohldurchdachtheit ..., sie gründet vornehmlich in all den offenbaren Fehlantworten, die in der Tradition der Dogmen als Glaubensgut des Christentums von Kirchentheologen letztverbindlich vorgetragen wurden und noch werden. Wenn es so, wie gesagt, nicht sein kann, dann muß es anders sein; – das stimmt! Doch: dieses „anders" muß sich nicht ergeben aus dem Widerspruch zum Christlichen; weit näher liegt es, was das Christentum zu sagen hat, vom anderen Ende aufzunehmen.

Wendepunkte 16f.

ES WIRD DARUM GEHEN, eine Religiosität zu pflegen, welche die uralten Aufspaltungen überwindet, die heute noch die Seele vom Körper, das Fühlen vom Empfinden, das Lieben vom Begehren, die Frau von dem Mann, den Unverheirateten von dem Verheirateten, den Kleriker von dem Laien und letztlich Gott von der Welt trennt.

Kleriker 738

ENDLICH KANN DIE *RELIGION* wieder verstanden werden *als ein Organ der Selbstfindung*, der Personwerdung, der Freiheit, der Reifung und der menschlichen Psyche …

Die „Wahrheit" *des Religiösen* kann, wenn es so steht, nicht länger mehr gesucht werden *auf der Ebene der Bilder*: der Symbole, der Riten, der Formeln und der Dogmen; sie liegt endlich wieder dort, wo sie einzig hingehört: *auf der Ebene der Existenz*, des persönlich geführten Lebens, einer glaubwürdigen und glaubhaften Menschlichkeit; *hier* und *nur* hier liegt auch *die Einzigartigkeit*, die Unvertauschbarkeit und die Unersetzlichkeit *der Person Jesu*. Die religiösen Ausdrucksformen selbst hingegen treten jetzt aus ihrer kultur- und traditionsabhängigen Einzigartigkeit heraus; sie erscheinen … wieder als etwas Gemeinsam-Menschliches, und sie können somit, statt weiter der Trennung, endlich der Einheit des Menschlichen dienen, als eine universell verständliche Sprache, die so menschheitlich, so kreatürlich, so lebendig ist, dass wir sie nicht allein mit allen Menschen, sondern weitgehend sogar mit den meisten höherentwickelten Tieren teilen.

Glauben in Freiheit 263f.

DIE ZUKUNFT DER RELIGION kann nur liegen in einer … persönlich gelebten Existenz des Glaubens, in einer … unableitbaren Freiheit, ein Individuum zu sein. Man mag diesen Standpunkt phänomenologisch als „Mystik" bezeichnen; weniger mißverständlich ist es, ihn psychologisch als das Ende aller Fremdbestimmung und Außenlenkung im Bereich des Religiösen zu charakterisieren …

Nicht zu welcher Gruppe, Partei oder Kirche sich jemand rechnet – was für ein Mensch er ist, entscheidet. Die großen Zahlen zugehöriger Mitglieder täuschen, die Länge der Zeit des Bestands einer Gruppe ist trügerisch, die Durchsetzungskraft von Geldmitteln, Einfluß und Macht widerlegt eher Gott, als daß sie ihn zeigt. Nicht woher jemand kommt, sondern wohin einer geht, gibt seinem Dasein Richtung und Sinn; doch wohin er gehen soll, sagt ihm Gott einzig in dem Moment, da er „da ist, als der er da sein wird". Es wird der „Schüler" des Täufers, es wird Jesus sein, der von diesem Ansatz her noch einmal eine ganz andere, unerhört neue Welt entwerfen wird, nicht im Gestus der Drohung, sondern der Tröstung, des Mitleids und einer Güte ohne Grenzen. Heilung kann nur an Einzelnen sich vollziehen, nicht an Völkern, Staaten, Kirchen oder Konfessionen, und nur Einzelne durch ihre Existenz sind zum Heilen imstande. Ein solcher heilender Einzelner wollte der Mann aus Nazareth sein: An solchen heilsam wirkenden Einzelnen erläuterte er mit Vorliebe, was er von Menschen für Menschen wollte.

Hat der Glaube Hoffnung? 89f.

DANN TRÄUME ICH VON EINEM GROSSEN AUFBRUCH auch zwischen den Religionen. Ich sage mir: Die Zeit ist längst reif für eine Kulturverschmelzung. Wir müssen einfach lernen, daß das, was christlich ist in der Botschaft des Menschensohnes, im christlichen Abendland bisher nur einen ganz schmalen Ausschnitt der Verwirklichung hat finden können. Und daß wir das, was menschlich ist, ganz sicher werden lernen müssen von den vielen Experimenten fremder Kulturen und Religionsformen, die uns zeigen können, was es doch auch gibt, um uns zu ergänzen, zu verständigen, zu erweitern. Da könnte ich mir eine katholische Kirche vorstellen, die wahr macht, was ihr Name sagt: wirklich katholisch, das heißt auf das Weite, auf das Ganze hin geordnet zu sein.

Wort des Heils – Wort der Heilung IV, 101

WENN GLAUBE WIEDER GLAUBHAFT WERDEN SOLL, dann nur, indem man ihn vom Leben her begründet ... Die Umkehrung der ganzen Strömungsrichtung, die Ahnung wenigstens vom Ort des eigenen Ursprungs sowie die Sehnsucht nach der Heimat, die so weit entfernt liegt und aus der doch alles Leben über das Meer der Zeit herüberweht – in solchen Bildern läßt sich wohl beschreiben, was es heute heißt, ein Christ zu sein.

Wendepunkte 38f.

DASS DER LEBENSDURST UNS QUÄLT, weil er niemals zu sättigen ist, diese Erfahrung ist der Inbegriff des Buddhismus. – Und wie Mann und Frau einander suchen und dabei nach Gott verlangen, sich nicht vor ihrer Körperlichkeit und Sinnlichkeit fürchten, sondern sie in ihrem Verlangen durchseelen, bis daß sie anlangen an der Ewigkeit, dies ist der Weg des Hinduismus in seinen Mythen, seinen Gedichten, seiner Liebeslyrik und unvergleichlichen Poesie aller Naturkräfte im Menschen und rings um den Menschen. –

Und das Warten, daß diese Geschichte sich erfüllt im Kommen des Messias und es bräche an ein wirkliches Reich Gottes unter den Menschen, ist das gesamte Erbe aus Judentum und Islam. Und all dieser Religionen bedürften wir; sie wären keine Gegensätze, sondern sie müßten erklären, woran wir selber glauben, sie alle wären Stufen ins Heiligtum des Christus, dessen, der sagt: Ich bin. Und es ist eine Wirklichkeit ganz und gar gestaltet als Freiheit, als Person und bereit, einen jeden von uns bei der Hand zu nehmen, auf daß er werde wie Gott, eine Person in Freiheit, gegründet in Liebe, abhängig als Kreatur, aber berufen zur Unendlichkeit.

Leben, das dem Tod entwächst 87

Bilderbuch des Lebens

oder:
Warum wir unseren Träumen trauen dürfen und wie unser Leben märchenhaft wird

ES IST, WIE WENN SEIT URTAGEN Gott unserer Seele Bilder mit auf den Weg gegeben hätte, die stark und sanft und zauberhaft genug sind, um uns in ihren Bann zu ziehen und uns den rechten Weg zu weisen.

Dein Name ist wie der Geschmack des Lebens 104

IN ALLEN RELIGIONEN REDET GOTT IN BILDERN, die er in der Seele aller Menschen angelegt hat. In Bildern reden heißt, die Grenzen aufzuheben, die zwischen den Kulturen und den Sprachfamilien bestehen; es heißt, aus dem zu existieren, woraus alle Menschen leben. Auf dieser Ebene ist Religion universell wie alle Kunst – wie die Musik, die Malerei –, nur daß es ihr nicht um Ästhetik, um die Kunst des freien Spielens, sondern um die Kunst des Lebens selber geht. Der Glaubende setzt ganz und gar sich selbst aufs Spiel. In dieser Weise sich symbolisch zu verstehen, steht den verfaßten Religionsformen im ganzen noch bevor, doch es ist unabdingbar, und es führt nicht, wie man mitunter meint, zu unverbindlicher Beliebigkeit, sondern im Gegenteil: zum eigentlichen Ernst des Religiösen. Es will gelebt und angeeignet werden in der eigenen Existenz. Verbindlicheres gibt es nicht.

Wendepunkte 18

NUR IN EINER SPRACHE, die das Herz aller Menschen anrührt, läßt sich sagen und mitteilen, daß Gott Mensch geworden ist. Nur in Bildern, die universell genug sind, daß die Menschwerdung jedes Einzelnen in ihnen sich vollziehen kann, läßt sich eine Botschaft verkünden, die der Welt das Heil bringen soll: die Menschwerdung Gottes, unseres Erlösers …

Wenn es eine universale Menschheitsreligion des menschgewordenen Gottes geben soll, muß sie dort begründet werden, wo Gott selbst sie vorbereitet hat: in den ewigen Träumen unserer Seele, in denen er selber sich träumt als Mensch, damit wir ihn schauen können als den einzigen Grund unserer Menschlichkeit: als den „menschgewordenen" Gott, geboren aus der „Jungfrau", verkündet den „Hirten". Was die Ägypter zu dem Gott Amun sagten, der im Schoß einer Königin als Sohn Gottes zur Welt kam, darf und kann die Erfahrung eines jeden Menschen sein, der Gott in sich selbst und sich selber in Gott wiederfindet: „Dein Name ist wie der Geschmack des Lebens."

Dein Name ist wie der Geschmack des Lebens 142f.

DIE TRÄUME DER MENSCHEN sind die wahren Eingebungen und Offenbarungen Gottes; das, was dann als Geschichte geschieht, ist Auftrag, Bewährung, Scheitern, Neuanfang und vielleicht manchmal sogar Erfüllung.

Matthäus I, 161

DIE „TRÄUME" DER RELIGION sind keine Abstraktionen von der Wirklichkeit, sondern die Verdichtungen dessen, was die Wirklichkeit Menschen bedeutet, wenn sie die Welt erfahren im Bannkreis der Liebe jenseits der Angst.

An ihren Früchten sollt ihr sie erkennen 105

PRINZIPIELL IST JEDES MÄRCHEN UND JEDER TRAUM, so neu er auch sein mag, so alt wie die Menschheit, und eben die zeitlose Gültigkeit der Märchen und Mythen versetzt sie in den Stand, zeitlos gültige Wahrheiten zu formulieren, die den Einsichten des Verstandes unendlich überlegen sind.

Schneeweißchen und Rosenrot 6

KEIN MENSCH hätte den Mut, sich auf das Meer seines Unbewußten hinauszuwagen, wenn nicht in ihm selber Bilder angelegt wären, die ihm einen Weg zeigen hinüber zum anderen Ufer seiner ewigen Heimat.

Tiefenpsychologie und Exegese II, 343

MÄRCHEN BIETEN UNS BILDER, die unsere Ansichten über uns selber vom Grund auf zu ändern vermögen; sie führen uns zu Einsichten, die uns helfen, Leid in gewissem Maß zu vermeiden und uns selber und anderen weniger wehzutun; sie erzählen vom menschlichen Leben in einer Weise, die uns im Umgang miteinander verständnisvoller und gütiger macht. Derartige Geschichten, die dazu beitragen, mit uns selber identischer zu leben, andere leichter akzeptieren und sie in ihren Eigenarten zu erkennen und anzuerkennen – solche Geschichten ändern nicht die Welt, doch sie verwandeln unsere Welt.

Denn das Versprechen lautet: Sind wir erst einmal bei uns selber zu Hause, so kann auch diese geschundene und geschändete Erde wieder unser Zuhause werden … Märchen, so unscheinbar sie als „Volksliteratur" auch wirken mögen, können uns als Formen reiner Poesie, wie die großen Romane der Weltliteratur, doch die Augen öffnen für die wahren Themen unseres Lebens, indem sie uns zu den Fragen zurücklenken, um die es wirklich geht: um Angst und Vertrauen, um Entfremdung und Reifung, um Zerstörung und Einsicht, um Krankheit und Genesung. Geschichten, die inmitten dieser Welt trotz aller Widersprüche, Bitterkeiten und Enttäuschungen so bedingungslos an die Liebe zu glauben versuchen wie Märchen, sind alles andere als bloße Wunschträume; sie sind nur weit weg von der durch Geld und Geltung, durch Macht und Verwaltung rein funktional definierten „Realität". Das aber müssen sie sein, denn sonst wären sie nicht, was sie sind: Meilensteine am Rande des Weges zum „Reiche".

Der Froschkönig 87

OFFENBAR LIEGEN IN DER SEELE EINES JEDEN MENSCHEN gewisse Gefühle, Bilder und Vorstellungen verborgen, die entgegen allen Widerständen nur darauf warten, geweckt zu werden. Was an Verlangen nach Freiheit, Glück und Liebe einem jeden Menschen wesenhaft mit auf den Lebensweg gegeben wird, läßt sich vielleicht recht weitgehend unterdrücken, ganz sicher aber niemals völlig ausrotten. Man mag den Drang nach Freiheit anarchisch, die Erwartung nach Glück egoistisch, die Sehnsucht nach Liebe amoralisch nennen – man kann es verbieten, aber man kann es nicht verhindern, daß Menschen sehr wohl wissen, daß sie überhaupt nur dafür leben, sich frei zu entfalten, glücklich zu blühen und in Liebe zu reifen. Wenn man nicht glauben könnte, daß die Liebe stärker ist als die Angst, die Freiheit mächtiger als der Zwang, das Glück menschlicher als das Opfer, wozu lohnte es dann noch zu leben? Das wohl größte Geheimnis des Menschen besteht darin, daß er selbst inmitten der Verzweiflung, wenn er im Dunkel seiner Seelenumdüsterung oft nicht einmal mehr seine eigene Hand vor Augen sehen kann, gleichwohl ein bestimmtes Wissen um die beseligende Kraft der Liebe besitzt und auf eine gewisse visionäre Vorstellung von der Form seines Glücks niemals gänzlich verzichten kann.

Die kluge Else / Rapunzel 92

SOLL ES IMMER NUR IN DEN MÄRCHEN WAHR SEIN, daß die Liebe stärker ist als die Angst und die Menschlichkeit mächtiger als der Zwang der Umstände und der Gesetze? Um ein Märchen auszulegen, muß man wenigstens ein wenig daran glauben, daß das Leben selber märchenhaft sein kann. Trotz aller Enttäuschungen, Entmutigungen und Zweifel sind doch die Träume nicht auszurotten, die in den Märchen Gestalt gewinnen; und wenn man die Märchen schon bevorzugt den Kindern erzählt, so doch wohl auch deshalb, weil ein jedes Kind, das zur Welt kommt, in gewissem Sinne ein Recht darauf hat, so glücklich zu werden, wie die Märchen das traumhafte Glück der Liebe erträumen.

Die kluge Else / Rapunzel 8

WISSEN WIRKLICH NUR NOCH DIE MÄRCHEN, daß einzig die Liebe die Kraft besitzt, glücklich zu machen? Auf den starken Schwingen des Gefühls trägt sie uns über Berge und Meere in ein jenseitiges Land voller Zauber und Träume. Sie lehrt uns, die Welt als ein verborgenes Kraftfeld der Sehnsucht zu entdecken, voller magischer Wege, verwunschener Schlösser, geheimnisvoller Landschaften. Sie macht aus der Seele des anderen ein Zauberreich voller Symbole und Verweisungen, und jedes seiner Wörter, das wir richtig verstehen, ist wie der Wegweiser, ein Terrain zu betreten, das uns völlig unentdeckt und geheimnisvoll zu Füßen liegt. Die Liebe lehrt uns, die Zeit in einen heiligen Rhythmus von Erwartung und Erfüllung einzuteilen. Sie macht uns zu Teilhabern der verschwiegenen Poesie der Welt.

Wege in ein unentdecktes Land 28f.

„ABER DIE BIBEL IST KEIN MÄRCHENBUCH!" – dieser Einwand erschallt immer wieder, wenn jemand versucht, Texte des Alten und des Neuen Testaments tiefenpsychologisch auszulegen. Wie aber, wenn schon viel gewonnen wäre, wir vermöchten die Bibel so zu lesen, wie man heute die ewigen Träume der Menschheit, vornean die Mythen und die Märchen der Völker, tiefenpsychologisch zu lesen und zu verstehen vermag?

In der heute vorherrschenden Form der Bibelauslegung ist die Frage nach der historischen Wirklichkeit hinter den Texten so vorrangig geworden, daß die Frage nach der inneren Wirklichkeit in den Texten darüber fast verlorengegangen ist. Dabei hat gerade die Methode der historischen Kritik an der Bibel auf Schritt und Tritt feststellen müssen, wie unhistorisch die einzelnen Erzählungen der Bibel sind. Doch anstatt bestimmte Erzählungen als Mythen, Märchen, Sagen, Legenden o. ä. zu klassifizieren oder zu „entlarven", käme es vor allem darauf an, die Wahrheiten herauszuspüren, die sich *nur* in der Weise solcher „unhistorischen" Erzählungen mitteilen lassen, weil sie eine Gültigkeit nicht nur zu einer bestimmten historischen Zeit, sondern immer und allerorten beanspruchen. Dazu aber ist es unvermeidlich, die gesamte Lebenseinstellung in gerade der Weise zu ändern, wie es die Tiefenpsychologie in jeder Neurosebehandlung zu tun versucht: Nicht die äußere, rational erfaßbare Wirklichkeit der Tatsachen und Fakten ist als das Wesentliche zu betrachten, vielmehr verdienen die inneren, unbewußten Wirkkräfte und Faktoren in den Tiefenschichten der menschlichen Psyche alle Aufmerksamkeit.

Haben beispielsweise die Personen des Tobit-Büchleins wirklich gelebt? Historisch gesehen, gewiß nicht; tiefenpsychologisch aber leben sie in einem jeden Menschen, und diese Ebene der Wirklichkeit muß man verstehen, um den Ort zu betreten, an dem Gott den Menschen nahe ist. Vieles wird man dann lernen von der Ohnmacht der Angst und der Allmacht der Liebe, von dem Abgrund der Einsamkeit und dem Grund der Gemeinsamkeit, von menschlicher Verzweiflung und allmählicher Reifung; am meisten aber wird man erfahren von dem Schutz der Begleitung Gottes auf allen unseren Wegen, und daraus wird die Gewißheit wachsen, die dem Tobit-Büchlein am wichtigsten ist: daß es keinen Gegensatz gibt zwischen Heil und

Heilung, zwischen Theologie und Psychologie, zwischen dem Suchen nach Gott und der Sehnsucht nach wenigstens einem Menschen, in dessen Gegenwart das Leben sich aufhellt und weit wird.

Zu dieser Menschlichkeit des Glaubens gehört es, daß das Tobit-Büchlein den Mut aufbringt, etwas zu tun, das im Alten Testament weitgehend bekämpft wird: es scheut sich nicht, die Sprache der Märchen und der Träume aufzugreifen, um auf gültige Weise von Gott zu sprechen. Weder die jüdische noch die protestantische Bibelausgabe hat dieses Büchlein aufgenommen – einzig die katholische Kirche betrachtet es als eine „kanonische", vom Heiligen Geist inspirierte Schrift. Doch durchgeistigter und geistvoller wird man Gott nicht erfahren können, als indem man der Sprache lauscht, die Gott einem jeden Menschen unmittelbar ins Herz gelegt hat: der Sprache der Träume, der Dichtung und der Poesie.

Die Bibel ist kein „Märchen"-Buch? Sie ist ein Buch, das lehrt, das ganze menschliche Leben mit den Augen Gottes als ein wunderbares Märchen zu betrachten, umstellt von Dämonen und begleitet von Engeln, erfühlt und erfüllt voller Wunden und Wunder, unheimlich und geheimnisvoll, eine Mahnung zum Leben mit all seinen Gefahren und eine Warnung vor einer Frömmigkeit seelenloser Erstarrung und traumloser Blindheit. Das Tobit-Büchlein ist ein notwendiges Buch, solange der Konflikt währt, der jede Religion durchzieht: der Konflikt zwischen Institution und Intuition, zwischen Starrheit und Wahrheit, zwischen Rechthaberei und Rechtschaffenheit – zwischen dem Gott des Rechts und dem Gott der Liebe. Vor mehr als 2000 Jahren in Israel entstanden, ist das Tobit-Büchlein mitten im Christentum geblieben, was es immer war: unzeitgemäß zu allen Zeiten und aktuell in jeder akuten Krise des Glaubens.

Voller Erbarmen rettet er uns 5f.

WIE VERSTEHT MAN EIN GÖTTLICHES GEHEIMNIS? Viel wäre gewonnen, wir könnten die Erzählungen der Bibel und die Symbole der Kirche auf eine Weise in uns aufnehmen, wie sie den Künstlern, den Musikern, den Malern und den Dichtern eigen ist.

Dein Name ist wie der Geschmack des Lebens 13

LÄSST MAN TRADIERTERMASSEN THEOLOGEN AN DIE QUELLENSCHRIFTEN einer Religion heran, so wird in ihren Händen aus der Bibel, aus dem Neuen Testament, aus dem Koran ein Kriegsbuch, indem sie sich beweisen, daß just ihre Religion als die von Gott geoffenbarte einzig und allein die Wahrheit ist und in sich trägt, und wer nicht gleich in gleichem Sinne glaubt, der muß bekehrt werden und hat sich zu bekehren. Anders, wenn man die gleichen Texte als das liest, was sie in Wahrheit sind: als Bilder, als Symbole mit einer eigenen Poesie. Während Dogmen trennen, laden Bilder ein. Was Dichter schreiben und gestalten, weckt in der Seele aller, die es lesen, ähnliche Gefühle und Gedanken. Sie sind mit sich nicht mehr so ganz allein, sie fühlen sich verstanden und begleitet, und insbesondere die Ausgegrenzten, die Gescheiterten, die tragisch ins Unglück

Geratenen erregen durch ihr exemplarisch dargestelltes Schicksal Mitleid: so kann es einem selbst ergehen! Der menschliche Zusammenhalt stellt sich, verstärkt sogar, neu wieder her und überwindet den Graben der moralisch selbstgewissen Aburteilungen.

Wendepunkte 17f.

SCHON DIE EVANGELIEN MALEN DAS LEBEN JESU in Bildern. Wovon sie berichten, ist nicht die historische Außenseite des Auftretens jenes Mannes, der kam, um unser Leben von Grund auf zu ändern; was sie zu schildern suchen, ist die Bedeutung dessen, was er tat und sagte. Nicht ein Vergangenes teilen sie mit, sondern das, was uns wesentlich angeht. Deshalb sind die Geschichten, die sie überliefern, gerade an den religiös zentralen Stellen mythische Verdichtungen von etwas, das sonst unbegreifbar bleiben müßte. Symbolisch stellen sie die Wandlung dar, die sich ereignet, sobald Menschen die Gnadenlosigkeit der Welt durchschreiten in den Hintergrund jenes Geheimnisses, das Jesus uns als „väterlich" vermitteln wollte.

Geschichten dieser Art muß man betrachten als poetische Visionen einer anderen Welt, die für utopisch gelten müßte, gäbe es nicht die Gestalt des Mannes aus Nazareth, als Träume einer Menschlichkeit, die unerreichbar bliebe, wären sie in seiner Gegenwart nicht wahr geworden, als Formen einer Heilwerdung des Daseins, die sich allein im Felde einer Zuwendung ereignen kann, wie gerade er sie lebte und verkörperte.

Jesus von Nazareth. Bild eines Menschen 11

WIE ABER REDET MAN VON GOTT so, daß es schon in der Sprachform einlädt, statt ausgrenzt, daß es die harte Oberfläche der „Wirklichkeit“ durchsichtig macht auf die Realität einer Güte, der wir uns tatsächlich verdanken? Wie übersetzt man Visionen in Bilder neu zu gewinnender Einsicht in die Grundlagen der Menschlichkeit? Es gibt dafür keine andere Darstellungsweise als die der dichterischen, der gleichnishaften Rede. Und so redet denn Jesus nicht in der Sprache der Theologen, sondern der Dichter. Er erzählt Gleichnisse, die allen Menschen zu allen Zeiten und Zonen der Erde zu Herzen gehen, jenseits der Zäune und Grenzziehungen von Dogma, Gesetz und Institution.

Jesus von Nazareth. Bild eines Menschen 89

JESUS WEIGERT SICH, von Gott in der Sprache der Theologen seiner Zeit zu reden. Nirgends legt er die Schriften aus nach Schriftgelehrtenmanier. Er erzählt Geschichten in völliger Freiheit. Er wirft sein Herz über alle Zäune. Er öffnet den Himmel, daß er den Menschen so weit wird wie für die Vögel und die Wolken.

Gleichnisse ... bilden für Jesus die einzig angemessene Sprachform, um zu sagen, was von Gott her zu sagen ist, so daß es einlädt, statt auslädt, daß es aufrichtet, statt abrichtet, daß es dem Verstehen dient, statt dem Verurteilen. Mitten im Leben gilt es, Gott zu entdecken, in der nie so gesehenen Würde einfacher Menschen, in dem sehnsüchtigen Verlangen restlos Gescheiterter, in dem ebenso abgründigen wie grundgütigen Wissen von der absoluten Notwendigkeit eines nie endenden vergebungsbereiten Erbarmens mit der Armut und der Armseligkeit unseres Daseins. Gleichnisse schenken die Freiheit, nicht länger das Vorgeredete weiterzureden, sondern selber die ganze Welt zu betrachten als ein aufgeschlagenes Bilderbuch Gottes. Gleichnisse auszulegen, – das kann daher nichts anderes heißen, als Menschen mit ihren eigenen Einsichten und Erfahrungen als vor Gott mündig zu schildern. Es heißt, ihnen das Vertrauen entgegenzubringen und zu vermitteln, daß, was immer geschieht, sie mit ihrem Leben in Gottes Hand geschrieben sind.

Wenn der Himmel die Erde berührt 9

ES IST NICHT LÄNGER MEHR MÖGLICH, von der Bibel herkommend auf „die Leute" zuzugehen, also gewissermaßen vom Berg der Erleuchtung auf die Straße draußen hinabzusteigen, – umgekehrt: es gilt, von den Erfahrungen der Menschen her, von ihren Nöten, Ängsten, Sorgen, Sehnsüchten und Hoffnungen her auf die Bibel oder, richtiger, auf die Person Jesu in bzw. hinter der Bibel zuzugehen, um von ihr her eine tragende Antwort für die Konflikte der Zeit wie des Einzelnen zu finden. Kein noch so feierlich verkündetes Dogma der Kirche bildet in unseren Tagen noch einen tragenden Grund zu leben; einzig die Erfahrung, daß eine bestimmte, sonst unauflösliche Situation der Angst und der Enge sich öffnet in der Nähe des Mannes aus Nazareth, begründet einen Glauben, der über den Abgrund trägt.

Jesus von Nazareth 38

WIR MÜSSEN *DIE BILDER*, die das Neue Testament … von der Person Jesu zeichnet, AUF UNS IN EINER WEISE WIRKEN LASSEN, daß sie uns selber *verwandeln*; wir müssen *die Art* des Sprechens und Handelns Jesu in den Evangelien so in uns aufnehmen, daß sie Kräfte in uns freisetzen, die unser Leben richtungweisend gestalten können; wir müssen *die Inhalte* der Botschaft Jesu so übersetzen, daß sie aus der Zeitbedingtheit ihrer Formulierung und Überlieferung unmittelbar in unser Leben zu reden beginnen und wir Worte hören, die uns helfen, die Welt ringsum zu ertragen, indem wir selber sie erträglicher *machen*; und wir müssen uns fragen, was *das Schicksal* eines Menschen sein wird, der so, wie der Mann aus Nazareth, versuchen sollte, zugunsten der Menschen Partei zu ergreifen gegen alle Instanzen und Institutionen, die im Namen Gottes Menschen verwalten zu können glauben …

Jesus von Nazareth 160

ALLES BEGINNT DAMIT, das Alte anders auszudrücken, – statt Dogmen Dichtung, statt der Sprache des Dozierens eine Form des Existierens, statt des Kultdienstes der Priester eine Kultur von priesterlichen Menschen, statt einer Hierarchie von Klerikern und Staatsbeamten die unbeschwerte Weise Jesu, durch die Welt zu gehen.

Wendepunkte 17

WESENTLICH IST ES DARUM zu tun, die ganze Perspektive umzukehren. In Theologensicht weiß man, wer Gott ist, was er plant und was er tut, weil er sich selbst geoffenbart hat; folglich ist christliche Verkündigung als Wiedergabe dieser Offenbarung ein Sprechen stets von Gott her auf die Menschen hin: die ganze Welt erklärt sich aus den Absichten des Höchsten, und man schaut über Gottes Schulter auf den Lauf der menschlichen Geschichte, – versteht ihn, kennt ihn, wertet ihn. Und immer weiß man schon, was sonst gar nicht zu wissen wäre. Die Wahrheit ist: wir sehen nicht mit Gottes Augen! Wenn Gott sich offenbart, dann ist es, weil er uns die Augen öffnet, daß sein Licht in unsere Seele fällt. Dann heben wir das Haupt zum Himmel gleich den Blumen, die den Blütenkranz zur Sonne wenden. Die Blumen wissen nicht die Sonne, sie wachsen nur in ihr. Auch wir als Menschen wissen Gott nicht, wenn er sich uns mitteilt; dafür empfangen wir die Kraft, die Wahrheit, die in uns liegt, zu entfalten, dem Glanz entgegen, der von allen Seiten uns umgibt. Wir können nur von uns her auf Gott hin Leben gewinnen, und nur auf Gott hin, menschlich redend über Menschen, vermögen wir zu sagen, wer Gott für uns ist. Denn alles ist und schenkt er uns. Das Christentum der Lehramtsdogmen ist wie ein Teleskop, das all die Zeit falschrum gehalten wurde: statt von der Erde her damit die Sterne zu betrachten, nahm man das Objektiv als Okular und wähnte sich damit an Gottes statt. Man sah die Erde von den Sternen aus. Man sah nicht Gott, man sah nur alle Menschen – ins Winzige verkleinert!

Wendepunkte 18f.

THEOLOGIE VOM MENSCHEN HER – das heißt zu integrieren, was man heut über den Menschen weiß: – seine Gefühle, die den Hunderten von Millionen Jahren sich verdanken, in denen er sich aus der Tierreihe entwickelte; die Antriebe, Sehnsüchte, Bilder seiner Psyche, die tief im Unbewußten liegen; die Ohnmacht des Bewußtseins gegenüber dem bewußten Wollen; die abgründige Ausgeliefertheit im Getto seiner Ängste, Aggressionen, Zwänge und Kompensationsversuche; – das Warten auf Erlösung durch eine Gnade, die es inmitten der gesamten Welt nicht gibt. *Davon* im wesentlichen hat das Christentum zu sprechen, darin liegt seine Offenbarung, dadurch allein vertieft sich sein Blick auf die Menschen im Untergrund der oberflächlichen Bewertungen nach Gut und Böse auf der Ebene von Ethik und Jurisprudenz. Um zu verstehen, wie die Sonne sich in Blumen offenbart, muß man begreifen, was Photosynthese ist: wie physikalische Energie sich wandelt in biochemische Energie; um zu verstehen, wie Gott sich offenbart in Menschen, muß man begreifen, was Verzweiflung ist – und wie sie sich von Gott her wandelt in Vertrauen.

Ein solcher Perspektivewechsel ist total; er ändert nicht den Inhalt, doch die Richtung der gesamten Religion. Sie dient nicht mehr der Auszehrung des Menschlichen zur … Aufblähung des Göttlichen, sie dient der Heilung jener Krankheit, die das Dasein ohne Gott, im Feld der radikalen Gnadenlosigkeit der Welt, sein muß.

Wendepunkte 19

Sehnsucht unserer Seelen

oder:
Wie Gott in uns reift

IN WAHRHEIT IST GOTT DIE WEITE UNSERES HERZENS und die Unendlichkeit unseres Denkens. Alles, was wir je von Gott verstehen werden, ist in den Gesetzen unserer Entwicklung und Reifung eingeschrieben, die kein anderes Maß und kein anderes Ziel kennen als ihn selber, den Unendlichen. Denn dies ist das Geheimnis unserer Art, Gott zu begegnen: Je tiefer wir unser eigenes Wesen spüren, desto mehr werden wir merken, daß es keine Grenzen gibt; so wenig, wie es den Schwalben im Sommer genügen kann, nur zwischen den Häuserzeilen eines kleinen Dorfes hin- und herzufliegen, und so sehr sie spätestens in den ersten Septembertagen die Sehnsucht nach der grenzenlosen Weite der Meere und Gebirge überkommen wird, so wird uns die Sehnsucht zum Unendlichen ergreifen.

Markus II, 291

VERMUTLICH IST DIES DIE WICHTIGSTE FRAGE unserer Zeit, wie wir der kommenden Generation, und uns selber miteinbegriffen, den Mut zu höheren Zielen, den Glauben an die Sterne, die Sehnsucht, es den Wolken nachzutun, noch einmal neu vermitteln können. Wenn wir den Durst von Verdurstenden, den Hunger von Verhungernden wieder zu fühlen beginnen inmitten einer Welt, die uns nicht sättigen kann, ist der erste Schritt schon getan, daß Gott wieder wahr wird in unserem Herzen und wir Gottes gewahr werden in unserem Leben.

Markus I, 135

ICH BIN SEHR FROH DARÜBER, zu glauben oder zu denken, daß Gott in unsere Seele eine Fülle von Bildern gelegt hat, die uns helfen, gegen die Verzweiflung ein Stück Halt und auch Orientierung zu finden. Diesen Bildern zu folgen ist der Versuch der Menschheitsreligionen, so weit wir in die Geschichte zurückblicken können. Und zu solchen Bildern gehört offensichtlich auch der Gedanke, daß wir nicht einfach wie Blätter sind, die der Herbststurm von den Bäumen reißt, sondern daß mit uns etwas Ewiges ist. Ich glaube, daß Gott uns nicht erst seit ein paar tausend Jahren sucht, sondern daß er uns gesucht hat in dem Moment, als er uns schuf und bei uns war in all den Formen, durch die unsere Seele selbst geprägt wurde, daß die ganze Evolution ein Suchen Gottes nach den Menschen ist ... Indem Gott uns sucht, finden wir uns selber ... Aber unter Personen suchen wir im Grunde leidenschaftlich immer das, wovon wir selbst getragen werden. Und das meine ich, wenn ich sage, Selbstfindung und Gottfindung sei im Grunde ein und derselbe Vorgang.

Wort des Heils – Wort der Heilung II, 130

ES IST *NICHT MÖGLICH*, die Bibel gegen Darwin zu lesen. Gott gegen die Evolution: So macht es keinen Sinn! Wenn es zwischen Religion und Naturwissenschaft jemals wieder eine Einheit geben soll, so müssen wir mittlerweile aber über die gesamte Natur, insbesondere über uns selbst und unsere Stellung in der Schöpfung, gründlich anders denken als bisher. Dann ist Gott nicht ein Etwas oder Jemand, das wie der griechische Zeus mit dem Blitz in den Prozeß der Natur hineinschlägt, sondern er ist eine geduldige, langsam formende Kraft, die alle Welt durchzieht; dann ist er buchstäblich das, was die Theologen auch sonst von ihm zu sagen pflegen: Gott sei Geist. Geist ist niemals ein Etwas unter anderem, sondern das, was alles gestaltet – formgebend, belebend durchdringend, ein Strukturmoment von Zusammenordnung und Vernunft, niemals etwas anderes.

Matthäus II, 357f.

IN JEDER FRAGE GOTTES AN DEN MENSCHEN geht es um Heil oder Unheil, Leben oder Tod, Alles oder Nichts. Nur *die* Fragen sind von Gott, die sich uns unabweisbar immer wieder stellen, in schlaflosen Nächten und taghellen Träumen, beglückend oder bedrückend, je nach den Umständen, immer aber mit dem Anspruch letzter Entschiedenheit und Entschlossenheit. Nur wer sich *ganz* herausgefordert fühlt, spürt *Gottes* Frage an sich selbst im eigenen Leben und fragt mit seinem eigenen Leben selbst nach Gott.

Markus II, 218

DIE GEFAHREN DES LEBENS, die von außen hereinbrechen, mögen ebenso plötzlich verschwinden, wie sie gekommen sind – darauf haben wir zumeist nur mittelbar Einfluß. Aber was in uns selber vor sich geht und wie wir zu Gott stehen, daran entscheidet sich unser ganzes Leben, dies *ist* unser Dasein. Die ganze Welt ist voller Wunder in jedem

Augenblick, denn Gott verläßt uns nie; er ist uns immer nahe, nicht erst, wenn wir ihn rufen.

Markus I, 358

NICHT DURCH DOZIEREN, NUR DURCH EXISTIEREN läßt sich Gott erfahren. Gott kann man reinweg nur innerlich verstehen. Das ganze Lehrsystem von Wissenden in Sachen Gottes, die andere, Unwissende, belehren, schafft nichts als jene Fremdbestimmung, Unselbständigkeit und Außenlenkung, die nur das Gegenteil von Freiheit, Mündigkeit und eigener Verantwortung vor Gott darstellt. Vor allem: man kann Gott nie in der Art wissen, daß man aus ihm ein Objekt zum Dozieren modellieren könnte. Gott redet jetzt, von Augenblick zu Augenblick, persönlich, unvermittelt und unmittelbar, – alles Gelehrte, Dünkelhafte, Wichtigtuerische ist da fehl am Platze. Umgekehrt: man sollte wieder die Bescheidenheit gewinnen, von Gott zu lernen aus dem Mund der Magd in der Küche und aus den spielenden Händen des Kindes im Hof. Aus allem redet Gott, und die eigentliche religiöse Erziehung müßte darin bestehen, die Ohren für das „verschwebende Schweigen“ zu öffnen, in welchem Gott schon zu *Elija* redete (1 Kön 19,12).

Oder zu Mose selber.

Als dieser am brennenden Dornbusch ihn nach seinem „Namen“ fragte, antwortete Gott mit den ebenso verhüllenden wie verheißenden Worten: „Ich bin da, als der ich dasein werde.“ (Ex 3,14) – „Mein Wesen, Mose“, sollte das heißen, „wirst du nie wissen und brauchst du nicht zu wissen. Das einzige, was du wissen mußt, ist eine Tatsache, die du immer neu erfahren kannst: Es wird in deinem Leben kein Augenblick sein, da ich nicht bei dir bin. Wie du mich jeweils antriffst, entscheidet sich von Fall zu Fall: Mal werd' ich dir entgegentreten als Widerstand und Widerspruch, wenn du dabei bist, in die Irre zu gehen; dann wieder werd' ich dir begegnen als Trost und Halt, wenn du am Boden liegst und nicht mehr weiterweißt; dann wieder wirst du mich erleben wie einen Wind, der deiner Seele sanft unter die Flügel greift. Je nachdem, wie du selber dich verhältst und in welch einer Lage du dich findest, werd ich ganz unterschiedlich dir erscheinen. Niemals aber wird eine Situation eintreten, in der ich nicht da wäre. Denn das bin ich dir wesentlich: jemand, der da ist als dein Beistand."

Wendepunkte 24f.

ALLEIN AUS DER LIEBE LEBT DER MENSCH, und alle Sakramente und Gebete, alle Riten und Formeln der Kirche hatten und haben nur den Sinn, dich des Vertrauens zu versichern, daß diese Liebe dich niemals verlassen werde. Diese Liebe bestraft niemals, noch richtet sie uns, sie lenkt nicht, noch greift sie ein, sie ist einfach da, wie die Sonne, welche mit ihren Strahlen die Blumen des Feldes wärmt und ernährt. – Die einzelne Blume mag welken, doch die Sonne hört nie auf zu scheinen, und auch die Blume hört niemals auf, eine Tochter des Lichtes zu sein. Alle dunklen Stunden sind nur zu durchleben als eine tiefere Vorbereitung zum Licht … Viele Eltern gibt es heute, die schon lange ihre Kinder keine Gebete zum Einschlafen mehr lehren; sie sitzen des Abends an ihrem Bett, erzählen ihnen noch eine kleine Geschichte, streicheln ihnen über den Kopf und flüstern ihnen ins Ohr: „Hab keine Angst; ich bin bei dir." Sie denken nicht daran, dieses Streicheln wie ein verstohlenes Segnen und ihre Gute-Nacht-Geschichte wie ein Gebet und ihre Worte zum Abschied wie ein Bekenntnis zu Gott zu verstehen; und doch handelt es sich genau darum. Kein Vater, keine Mutter kann das Versprechen wirklich erfüllen: „Ich bleibe ja bei dir" – noch heute Nacht kann der Tod sie ereilen. Alles, was wir aus Liebe einander versprechen und woran wir in Liebe zueinander glauben, ist unendlich viel mehr als das, was wir wirklich zu halten vermögen. Und gerade dieses unendliche Viel-Mehr der Liebe nennen wir Gott. Er ist erfahrbar in jedem, der liebt; doch damit die Liebe nicht scheitert, glauben wir, daß er vor allem auch dort ist und sein muß, wohin wir einander trotz all unserer Liebe doch nicht begleiten können. Die Kraft, die dort ist, wo wir zu schwach sind zu sein, die ist uns Gott.

Der sechste Tag 391f.

LIEBE IST KEIN LEERER WAHN, keine bloße Einbildung, sondern im Gegenteil: die Mitteilung der stärksten Kraft, der ein Mensch sich selber verdankt und die ihn zum Menschsein bestimmt. Denn stets, so sahen wir, muß ein Mensch sich geliebt fühlen, um selber lieben zu können; stets muß er ein Du voraussetzen, um sich selber als ein Ich zu finden, das wieder zum Du eines anderen wird. Und dieses Du „hinter" allem und in allem, das macht, daß wir als Menschen „menschlich" sein können, das nennen wir … Gott.

AN GOTT ZU GLAUBEN, das heißt: an die Liebe selber zu glauben. Es ist aber schon deutlich, daß wir damit nicht einfach an uns selber glauben oder einen projektiv veräußerlichten Teil unserer selbst anbeten – so gerade nicht; wir glauben vielmehr inmitten aller Zerbrechlichkeit, Armut und Fragwürdigkeit daran, trotz allem aller Liebe wert zu sein und – zumindest grundsätzlich – alle Lebewesen neben uns in diesen Kreis der Liebe hineinholen zu können und zu sollen.

Der sechste Tag 359

DIE GANZE KUNST UNSERES LEBENS besteht darin, uns selber und die Menschen, die uns nahestehen, so wahrnehmen zu lernen, daß sie uns erscheinen als Abbild und als Spiegel, in dem wir Gottes Antlitz sehen. Was wäre Liebe unter Menschen sonst, wenn nicht diese vermögen, das Bild des Ewigen in der Seele eines anderen sterblichen Menschen wiederzuerkennen, mit einem Gefühl voller Dankbarkeit und reich beschenkt mit dem Glück des Himmels?

Markus II, 268

MAN KOMMT GOTT NICHT NÄHER, indem man dem Menschen fernrückt; man steigert das Dasein nicht auf Gott hin, indem man es Menschen verweigert; und man gibt sich nicht hin, indem man sich aufspart – für Gott? Wofür hat er uns die Liebe geschenkt!

Kleriker 718

WAS IMMER WIR IN UNSEREM LEBEN VON GOTT VERSTEHEN, werden wir am intensivsten in der Sprache unserer tiefsten Sehnsucht und unserer tiefsten Gefühle verstehen. Kein Gefühl aber lehrt uns, Gott tiefer zu begreifen, als die Empfindung einer Liebe, die unser ganzes Dasein ergreift, ist doch Gott selber die Liebe – ihr Ursprung, ihr Ziel, ihre Hoffnung.

Wenn wir einen Menschen so anreden, daß wir die Tiefe seines Wesens berühren, wenn wir sein Du so aussprechen, daß es seinen Namen möglichst vollständig verdichtet und bezeichnet, so öffnet sich seine Person und wird für uns zu einem Weg, der ins Unendliche hinüberführt. Hinter der Gestalt einer jeden menschlichen Person, eines jeden menschlichen Du, taucht unsichtbar die Person und das ewige Du Gottes auf und ist mit angeredet und mit gegenwärtig; und wann immer wir selber uns so angesprochen fühlen, daß unser eigenes Ich davon umfangen, gemeint und getragen wird, so fühlen wir uns selbst verbunden mit dem Ursprung unseres Daseins, den wir Gott nennen. Wenn wir zu einem anderen Menschen „Du" sagen, so verbindet es uns mit dem Auftrag unseres Lebens; und wenn wir selber uns von einem anderen in unserem eigenen Wesen tief genug angeredet fühlen, so tauchen wir zurück in den Grund unseres Daseins; und am Anfang wie am Ende unseres Lebens ist es Gott, der in jeder Anrede wechselseitiger Liebe zur Sprache kommt.

Markus II, 476f.

GOTT KÖNNTEN WIR VERSTEHEN, und uns selber könnten wir verstehen, wenn wir uns nur erlauben würden, die Macht, die als einzige von Gott ist und die allein uns in die Mitte der Welt, in die Heimat des Glücks zurücktragen kann, wirklich in unser Herz einzulassen.

Markus II, 98

ES GIBT NUR EINEN ORT, der Gott wirklich heilig ist: das Herz von Menschen, die ihm seine Güte vorbehaltlos glauben.

Markus II, 214f.

LIEST MAN DIE BIBEL durch den Filter, den uns der Mann aus Nazareth geschenkt hat, erscheint Gott ganz und gar als ein Licht ohne Dunkelheit, als eine Güte ohne Vorbedingung, als ein Verstehen und Verzeihen ohne Grenzen. Ein solcher Gott richtet nicht ab noch hin, er richtet auf, er heilt. Anders als heilend durch ein Wohlwollen, das nicht verurteilt, als heilsam durch eine Bejahung ohne jegliche Verneinung, als heiligend im Reifen einer immer tieferen Bestätigung sollte von dem Gott Jesu – von unserem, weil seinem „Vater" – nie mehr die Rede gehen. Keine neue Glaubenslehre, keine „Theologie", keine „Dogmatik" lässt sich da erbauen; wohl aber lässt sich unser Leben wandeln von Angst in Vertrauen, von Aggression in Akzeptation, von Tod in Leben.

Leise von Gott reden 7

MEHR SIND WIR NICHT, auch *christlich* nicht, als *unterwegs.* Der Gott, der zu Moses auf die Frage: Wie heißt du?, nur sagen konnte: „Ich bin da, als der ich da sein werde" (Ex 3,14), ist die *Widerlegung* aller Theologenauskunft. Nichts gibt es da zu „wissen", wohl aber alles zu *vertrauen.*

Matthäus II, 404

Mutig Mensch sein

oder:
Maßnehmen am Menschensohn

WAS JESUS WESENTLICH von allen anderen Lehrern der Menschheit UNTERSCHEIDET, ist vor allem seine Menschlichkeit.

Markus II, 483

IN ALTEN ZEITEN war es jemandem gelungen, aus totem Stein, aus trockenem Laub und aus zerriebenem Holz Feuer zu entzünden. In seiner Freude suchte er einen Menschenstamm im hohen Norden auf, um den Frierenden in den Wintermonaten Licht und Wärme zu schenken. Die Menschen waren darüber so glücklich, daß sie vergaßen, dem Manne zu danken. Der nämlich war sehr bald schon weitergereist, zu einem Nachbarstamm, um auch diesem den Segen des Feuers zu bringen. In diesem Stamme aber wurden die Priester eifersüchtig auf die neue Gabe der Götter. Sie brachten den Mann um. Und um ihre Tat zu verschleiern, errichteten sie in dem vornehmsten ihrer Tempel mitten auf dem Hochaltar ein Bild des ehrwürdigen, allzeit zu verehrenden Feuerbringers. Ja, ihre Hochachtung für diesen Mann ging so weit, daß sie einen eigenen Kult für ihn einrichteten. Mit großer Sorgfalt setzten sie die Gebete und Formeln fest, in denen es möglich und nötig sei, jenen Mann richtig und wirksam zu verehren. Sie gaben sogar eine offizielle Lebensbeschreibung des großen heiligen Feuerbringers und Mannes Gottes heraus, die in allen Familien gelesen werden mußte und schon den Kindern zum Lernen aufgegeben wurde. Und damit niemand in Irrtum darüber gerate, von welch wahrer Natur und erhabener Wesensart jener Gottesmann wirklich gewesen sei, erstellten sie eine ausführliche Darlegung des einzig wahren, für alle verbindlichen Glaubens an den großen und einzigartigen, alle Menschen guten Willens verbindenden Feuerbringers; und damit niemand mehr die also irrtumsfrei unterwiesenen Gläubigen zu Irrtum verführe, verfügten sie obendrein streng, daß im Falle auch nur der geringfügigsten Abweichung in Inhalt und Wortlaut von der vorgeschriebenen Diktion ihrer Dogmen der derart Schuldiggewordene mit dem Feuertod zu bestrafen sei als ein Feind der Götter und der Menschen. Kein Vergehen gab es, das für größer galt als dieses. – Alles war somit auf das beste und trefflichste bestellt, um den großen, göttlichen Feuerbringer in alle Zeiten zu ehren; es fehlte nur noch, daß die barbarischen Völker ringsum der gleichen Wahrheit und Segnung teilhaftig würden. Man zog daher aus und zerstörte ihre primitiven Hütten und heidnischen Gotteshäuser; man zwang sie, in den Bergwerken nach Silber und Gold zu graben, und bestrich damit die Pfeiler und Kuppeln der herrlichsten Kirchen. Kein Opfer schien groß genug, dessen die Ehre des göttlichen Feuerbringers nicht wert gewesen wäre. Nur die Kunst des Feueranzündens selber war in Vergessenheit geraten. Niemand mehr wußte, daß Feuer sich finden läßt einzig in etwas so Einfachem wie einem toten Stein, einem bißchen trockenen Laub und zerriebenem Holz. Die Priester probierten wohl insgeheim immer wieder, mit Blättern aus purem Gold, mit Zweigen aus schimmerndem Silber und mit den kostbarsten rotglühend glänzenden Rubinen und Granaten Feuer zu entfachen. Doch vergebens. Der Kult des Feuermachens hatte die Kunst, Feuer zu machen, endgültig getilgt.

Was erlaubt unter solchen Umständen *das Wiederfinden des „Feuers"*? – Keine Religion, auch nicht die christliche, beglaubigt sich länger durch *die Erhabenheit ihrer Tradition* und Geschichte – selbst die Länge von zweitausend Jahren beweist nicht das Geringste für ihre Wahrheit; im Gegenteil, MARTIN LUTHER schon wußte, daß eineinhalbtausend Jahre Kirchengeschichte womöglich nichts sind als eine stets wachsende Entfremdung und Verfälschung des Ursprungs! Wer diese Möglichkeit auch nur von ferne zuläßt, der beruhigt sich niemals mehr beim Anblick all der Kathedralen und Dome, der Kirchen und Kapellen, der Museen und Schatzkammern, der Tresore und Banken, der Grundbesitze und Aktien … Der wird viel eher mißtrauisch und traurig, wenn er den Kontrast zwischen dem „Bild" des „Feuerbringers" und dem goldenen Rahmen, in den man es einfaßt, bemerkt. Womöglich wollte jener göttliche Feueranzünder gar keine kultische Verehrung seiner Person, er mochte nur, daß die Menschen es lernten, nach seiner Weise aus dem toten Stoff den Funken des Feuers zu schlagen und niemanden mehr schutzlos frieren zu lassen!

Jesus von Nazareth 32f.

JESUS WOLLTE in diese Welt des ewigen Eises den Frühling bringen. Das war *seine* „Revolution". Sie griff alle an. Eben weil sie niemanden angriff. Sie stellte alle in Frage. Eben weil sie sich an *jedermanns* Seite stellte. Sie ging allen zu weit. Eben weil sie auf alle zuging. Nicht Resignation aus Ohnmacht, vielmehr eine nie gekannte Souveränität in Freiheit war es, die Jesus dahin bestimmte, die Einheit und den Frieden aller zu wollen und eben damit die Ausgrenzung und Verurteilung von seiten *aller* zu provozieren.

Jesus von Nazareth

JESUS „ERFAND" NICHT DEN GLAUBEN der Liebe an die Unsterblichkeit des Lebens, er wagte es einfach, ihn wahrzumachen gegen alle Widerstände. Wenn Gott ist, so wußte er, dann will er nicht, daß Menschen verloren gehen oder einander verloren geben. Doch dann schaute er sich um, und er fand sie allesamt als Irrende und Irregeführte, als Verratene und Verlaufene, - hilflos und heimatlos wie streunende Tiere im Winter. Und er weigerte sich, sie dafür zu verurteilen; er suchte, sie zu verstehen, denn er sah: Böse macht Menschen nicht die Bosheit ihres Willens; sie alle sind Kinder Kains, der zum Mörder nur wurde in dem Gefühl, mit allem, was er tat, kein Ansehen zu finden. Das verweigerte Gute gebiert Gewalt, Verachtung Rache, Heimweh Haß. Und so trat er hinein in den Kessel des Kreislaufs von Kränkung und Krankheit, von Leid und Verlorenheit, von Ablehnung und Auflehnung: Er ließ die Grenzen nicht gelten zwischen den Guten und den Gesetzlosen; hinter dem, was Menschen tun, fragte er, warum sie es tun, und er ging ihnen nach wie der Hirte dem Schaf, das von der Herde versprengt ist. (Lk 15,1–7)

Eine Liebe stärker als der Tod 8f.

IN JESU NÄHE ereignete es sich immer wieder, daß Menschen, die ihr Leben lang verkrüppelt waren, sich im Vertrauen auf Gott aufrichten konnten, daß ihnen durch seine Worte wieder ihre Sinne zurückgegeben wurden und daß sie die Welt wieder so zu sehen vermochten, wie sie ist. Auf sein Wort hin lernten sie wieder ihren eigenen Ohren, ihrem eigenen Urteil, ihrem eigenen Denken zu vertrauen. Für Jesus bedeutete es keinen Gegensatz, für ihn war es ein und dasselbe: zu Gott zu finden und zu sich selbst zu finden; beides geschah für ihn in der Kraft ein und desselben Vertrauens, und das eine war für ihn nur das Zeichen des anderen.

Markus II, 657

ER IST DERJENIGE, der uns die Hände auf die Augen legt, die Angst aus unserer Seele nimmt und der es möglich macht, daß wir den Himmel offen sehen. Wenn wir das erfahren im Umgang mit Jesus, werden wir begreifen, dass Johannes völlig recht hat zu sagen: Er ist das Licht der Welt.

Wort des Heils – Wort der Heilung I, 203

ICH BIN, sagt Jesus, DER WEG, und also gilt es, eine bestimmte Art von Leben zu leben. Nur wer dies probiert, verliert die Angst, er lernt die Liebe, er bringt in sein Leben so etwas wie einen Raum des Behütetseins, und es beginnt die Ewigkeit mitten in der Zeit, er wird spüren, was es heißt, *wirklich* zu leben, und er versteht mit einem Mal, daß die Wahrheit des Christus keinen bestimmten Inhalt hat. Es geht nicht darum, dies und das zu glauben, sondern darum, auf dem eigenen Weg als Erfahrung Wahrheit zu spüren. So ist wirkliches Leben, alles tritt ein in eine Ruhe, die nicht mehr zerstört werden kann, in einen Frieden, den niemand zu rauben vermag, und es öffnet sich der Himmel, es trägt das Wasser, es wird weich und warm die Erde, auf der wir stehen, und es hat das Zeugnis der Güte mehr Kraft als der Haß und alle Feindschaft.

Leben, das dem Tod entwächst 281

ALLES, WAS JESUS SAGEN WILL, IST DIES: Ein jeder der Leute in Nazareth, jeder, selbst in dem kleinsten Dorf in Galiläa, jeder, überall auf der Welt, jeder, einfach weil er ein Mensch ist, trägt in sich die wunderbarsten, die schönsten und großartigsten Verheißungen. Im Herzen eines jeden wohnt ein Himmelreich; in ihm selber klingen Stimmen aus der Ewigkeit; und sein eigenes Herz ist groß und schön wie eine Kathedrale, wie ein Tempel, wie ein Schloß und eine Burg, wie eine Stätte der Anbetung, der Kraft, der Souveränität, der Freiheit.

Markus I, 382

RELIGION WAR FÜR JESUS ... wesentlich eine Heilung von der Angst und ihren heillosen Verkrüppelungen und Verengungen; er sah im Glauben an Gott eine Art, dem Menschen seine persönliche Würde und Gott die schuldige Dankbarkeit zurückzugeben. Von dieser Einstellung Gott gegenüber war Jesus so durchdrungen, daß er an Menschen glaubte, die den Glauben an sich selbst längst aufgegeben hatten, und daß in seiner Nähe immer wieder Menschen förmlich angesteckt wurden durch sein Vertrauen in die Größe und die Weite ihres Lebens.

Markus II, 149

JESUS WOLLTE die Verzweiflung, die Hoffnungslosigkeit, die fiebrige Kälte der Einsamkeit NICHT als letzte Auskunft über unser Leben gelten lassen – er redete dagegen, indem er sich auf Gott berief und indem er im Namen Gottes das menschliche Dasein zu verwandeln, zu befreien hoffte.

Markus II, 492

WENN NUR WIR MENSCHEN BEGREIFEN WÜRDEN, zu welcher Größe wir bestimmt sind, welch eine Würde wir in uns tragen und welch einen Respekt wir einander schulden, so könnte unverzüglich, meinte Jesus, ein Reich der Freiheit, des Friedens und des Verstehens auf dieser Welt beginnen.

Markus II, 407

ES IST EINE POETISCHE SICHT des Menschen, ihn so zu betrachten, wie nach meiner Überzeugung Jesus ihn gesehen hat, indem er sagte, ein jeder, selbst der Niedrigste in Galiläa oder in Kafarnaum, dürfe sich betrachten als Sohn eines Königs und habe eine solche unveräußerliche Würde, daß das alte Märchenbild von dem Prinzen, der auszieht zur heiligen Hochzeit, das Drama jedes Menschenlebens darstellen müßte und könnte. In gewißem Sinn hat das Christentum selber diese großartigen Mythen erfunden: vom heiligen Mahl, auf das Jesus in Bildern zu sprechen kommt, von einer Menschheitsfamilie, die sich gruppiert und Hunger überwindet. Die einzige Lektion der alten archaischen Rituale von heiligen Mahlzeiten ist die Lehre eines universellen Teilens. Und statt daß nun jede Jägerhorde oder jeder Staat seinen Individualegoismus auf dem Weltmarkt geltend macht, könnte das Christentum gerade zeigen, daß ein tiefer Archetypus, z. B. der des heiligen Mahles, Menschen verbinden kann über alle Kulturschranken hinweg. Da brauchen wir das Ewige im Menschen: Hunger nach Speise, nach Gerechtigkeit, nach Kleidung, aber vor allem nach Würde, nach Menschlichkeit, nach Größe. Diese Bilder muß man zunächst selber fühlen dürfen, und sie sehe ich dann auch im individuellen Leben tatsächlich nachvollzogen. Jemand, der weniger verhuscht, weniger verbissen ängstlich, weniger nur rational in seinen Zwängen gefangen ist und sich erlaubt, ein Stück menschlicher zu fühlen, ist auch ein Stück gütiger, hat Mitleid mit den Tieren, hat Mitleid mit aller Not und wagt mehr als vorher.

Wort des Heils – Wort der Heilung II, 100f.

NUR WENN WIR DIE VERFREMDENDEN HÜLLEN beiseite tun, werden wir lernen, Jesus zu glauben, was er wirklich uns zeigen wollte: Da ist eine Macht, die uns trägt, während wir glauben, im Meer zu versinken; da ist eine Stimme, die uns fragt, wer wir sind, während wir uns selber schon nicht mehr verstehen; da umhüllt uns ein Schutz, der es uns ermöglicht, auf Gewalt nicht länger mit Gegengewalt und auf Angst nicht länger mit dem Antiterror noch größerer Angstverbreitung zu reagieren; da schauen uns Augen an, so gütig, verstehend und traurig und froh, daß wir es unter ihnen wagen können, egal, was passiert ist, uns selbst wieder in die Augen zu schauen; da ist ein Vertrauen in uns gesetzt, das uns die Kraft gibt, an uns selber wieder zu glauben.

Jesus von Nazareth 13f.

CHRISTUS KAM NICHT, EINE NEUE LEHRE ZU BRINGEN, wohl aber wollte er uns eine neue Lebensweise bringen, befreit von Angst und Unruhe. Einen jeden von uns wollte er bei der Hand nehmen und ihn ein Leben lehren, das mit sich selber in das Maß eines ruhigen Einklangs zurückgekehrt ist.

Wenn der Himmel die Erde berührt 165

JESUS SELBST ERWARTETE UNGEDULDIG und glühend den baldigen Anbruch des Reiches Gottes, das heißt, er *wartete* eben nicht, er *handelte* und *lebte* schon jetzt so, wie er es in der Projektionsgestalt des kommenden „Menschensohnes" vor sich sah; in ihr lag die sichere Bestätigung, das gültige Richtmaß eines Daseins, das von Gott her „kommt", statt von der „Welt" *aus*zugehen und in ihr *zugrunde* zu gehen. Der Tod, so sah es Jesus, hat Macht über den Menschen nur durch die Todes*angst*; aber das Leben, und der Glaube an Auferstehung in der Kraft Gottes ist die *Überwindung* der Todesangst. In dieser Überzeugung gelang es Jesus, die Teufelskreise der Angst auf allen Stufen der Wirklichkeit zu durchbrechen: *auf der Ebene des Einzelnen*, dessen Seele er heilte bis in die Bereiche des Körpers hinein, *auf der Ebene der Gruppe*, deren Gesetze des Zusammenlebens er auf Vertrauen statt auf Mißtrauen gründete, *auf der Ebene des Politischen*, indem er den Egoismus der Völker, Religionen und Staaten für etwas Widersprüchliches erklärte und in seinem Umgang mit Menschen eine einige Menschheit unter einem offenen Himmel realisierte, *auf der Ebene des Geldes*, indem er dem Götzen Mammon die Grundlage nahm: das Wuchern mit der Verschuldung der Notleidenden, *auf der Ebene der Kultur*, deren Inhalt und Auftrag er unter den Augen Gottes ins Grenzenlose trieb: – es würde nie wieder ein Mensch auftreten müssen gegen den anderen, um ihn zu töten, im Wahn, auf diese Weise „Gott" zu gewinnen!

Jesus von Nazareth 657f.

ES IST DIE WAHRHEIT, für die Jesus stirbt und ewig steht, daß es nur einen Ort gibt, der Gott wirklich heilig ist: das Herz von Menschen, die ihm seine Güte vorbehaltlos glauben.

Markus II, 214f.

ES IST MÖGLICH, das *Kreuz* im Sinne der Religionsgeschichte vieler Völker als *ein Symbol umfassender Ganzheit* zu betrachten, wie es sich ausspannt nach oben und nach unten, nach links und nach rechts, als ein Bild der ganzen Welt, als eine Chiffre unabgrenzbarer Lebensweite, als ein Zeichen und Versprechen vollkommener Offenheit und Ungeschütztheit. So verstanden, ist der Kruzifixus das Zeichen eines Menschen, der uns lehrte und lehren kann, wie wir in Wahrheit leben können, ohne irgendetwas in uns selber und in anderen zu vermeiden. Das Ursprungsbild des Kreuzes ist tatsächlich *ein Baum*, an dem die Erde und der Himmel sich berühren und der Früchte des Lebens trägt, wie am ersten Schöpfungsmorgen. Die Kahlheit, die Abgeschältheit, die Zerstörung am Baum der Erkenntnis schafft doch nur unsere Angst. In Wirklichkeit zeigt das Symbol des Kreuzes, wenn es wirklich ein „Heilszeichen" sein soll, wie die ganze Welt ihre Achse und ihr Zentrum findet, indem alle „Weltengegenden" der Erde und unseres Herzens zusammenkommen in diesem einen einzigen Punkt, an dem Himmel und Erde, Oben und Unten, Gott und Mensch, Bewußtsein und Unbewußtes, Sittlichkeit und Sinnlichkeit miteinander verschmelzen. Alles andere demgegenüber ist nichtig; zu setzen etwa auf den äußeren Erfolg erscheint da als lachhaft; aber *wahr* zu werden im eigenen Leben, das ist es, worum es einzig und allein fortan geht.

Matthäus II, 179

SEIT DEM BEGINN DER BEWUSSTWERDUNG stellt sich dem Menschen der Tod als Problem dar, auf das die Natur keine Antwort (mehr) gibt; dennoch ist die Versuchung unausweichlich, mit der unendlichen Energie des Bewußtseins sich an die irdische Existenz zu klammern, wie wenn sie von der unendlichen Angst des Geistes befreien könnte; und doch gibt es nur die Antwort, die in der Person Jesu lebte: gegen die Angst das Vertrauen zu setzen und einen jeden Menschen zu lehren, daß er in seiner Würde vor Gott eine unvertauschbare Größe und Bedeutung besitzt, weil er in seinem Dasein unsterblich ist. Alle Angsterscheinungen der „Welt", der Endlichkeit, werden damit in ihrer mörderischen Unmenschlichkeit offenbar gemacht und aufs äußerste herausgefordert; andererseits aber faßt das Leben Jesu gerade deshalb das Geheimnis des menschlichen Daseins in Tod und Auferstehung endgültig zusammen; und die Frage wird in alle Zukunft nur noch lauten, inwieweit jeder einzelne sich bereit hält, dem Leben zu folgen, das in Christus begonnen hat: jenseits der Angst und jenseits des Todes.

Tiefenpsychologie und Exegese II, 500

DAS *GANZE* LEBEN JESU war darauf gerichtet die Tragödie der Geschichte von Kain und Abel umzukehren und den Menschen zurückzugeleiten in das verlorene Paradies gottunmittelbarer Geborgenheit. Lieber selbst Abel sein als noch einmal Kain werden müssen! Wie war es möglich, dem Verstörten, dem Bodenlosen, dem angstvoll Gehetzten, dem mit dem Mal auf der zergrübelten Stirne Gezeichneten *den* Gott wiederzuschenken, der nicht „gerecht“ ist, doch eben deshalb unbedingt gütig …? Das war alles, was Jesus wollte. *Das* war es, warum er schließlich sogar sein Scheitern an den Konstellationen der Macht religiös wie politisch mit dem Blick auf Gott freimütig in Kauf nahm. Lieber Opfer sein als Täter, wenn einzig so dem „Täter“ eine Chance zu erkennen eröffnet würde …

Das wohl größte Wunder des Lebens Jesu war es, daß er, selbst im Sterben noch, den verzweifelten und verängstigten Menschen, die ihm bis dahin gefolgt waren, den Geist seiner Zuversicht einhauchen konnte. Sie sahen ihn lebend, den nur *scheinbar* Toten; sie wußten ihn ganz nah bei Gott, den im Namen Gottes vom Hohen Priester Verfluchten; sie verneigten sich vor ihm als vor ihrem wahren und einzigen „König“, diesem als „Judenmessias“ von den Römern Verspotteten. Wenn irgend jemand auf Erden, so war er in ihnen und vor ihnen lebendig; sein Wort, seine Person – das war Leben! Alles andere, gemessen daran, war Täuschung und Schein. Das „Gericht des Menschensohns“ mußte nicht „kommen“, es vollzog sich längst schon in den Herzen derer, bei denen die Botschaft des Mannes aus Nazareth von Gott als dem „Vater“ tatsächlich „angekommen“ war. Eine ganze „Welt“ galt es da zu verändern, und es war keine Zeit mehr; aber wie immer es „kommen“ würde, der *Maßstab* war und blieb *er*; nur *so* konnte es kommen!

Jesus von Nazareth 658

WAS ES CHRISTLICH GIBT, ist die Erwartung der Verschmelzung aller Menschen rund um den Globus in der Erkenntnis einer einzigen Gestalt der Menschlichkeit, wie sie in Jesus begann. Allein das ist die Hoffnung. Und dann darf man sicher sein: Alles, was da tot und faulig herumliegt – über jedem Aas sammeln sich die Geier (Mt 24,28) – alles, was nicht stimmt in unserer Kirche oder in irgendeiner anderen religiösen Gemeinschaft, wird aufgezehrt werden.

Auch das ist Teil einer Hoffnung – irgendwann und bald! Da werden Grenzen aufgesprengt, da werden Barrieren niedergerissen, da werden Fronten endlich durchlässig gemacht, da bleibt die Zuversicht, daß der „Menschensohn", die personifizierte Menschlichkeit, kommt als eine Erscheinung, die alle umgreift. Was denn auch sonst sollte uns Hoffnung sein! Besser, es stürzen die „Sterne", besser, es verfinstert sich die „Sonne", besser, es geht all das zugrunde, woran man uns lehrte zu glauben – isoliert, fixiert und begrenzt, besser, es sinkt all das zu Boden, als daß wir das Hoffen für und auf eine gemeinsame Welt aller Menschen darüber vergäßen! Das ist das Evangelium des „Christus" bis an das Ende der Tage, bis zum Anfang einer Hoffnung, die nie mehr erstirbt. Jeder weiß heute, zweitausend Jahre danach, daß es so ist, daß es so sein *muß*: Alles Partikulare hat keine Chance mehr; nur eine einige Menschheit zählt.

Matthäus III, 191f.

DAS *FEUER* BRENNT, das er kam, auf die Erde zu werfen (Lk 12,49), und die Berge aus Eis beginnen zu schmelzen. Nie mehr, in alle Zukunft nicht, wird man guten Gewissens den Traum vom messianischen Frieden an die zynischen Propagandatiraden politischer Macht delegieren können. Nie mehr wird man die Träume der Menschlichkeit, die Gott selbst in die Seele der Menschen gesenkt hat, Illusion nennen dürfen! Die Vision eines Reiches Gottes ist nicht länger mehr „Utopie“ – ein bloßes Niemandsland der Sehnsucht; sie ist die Existenzbedingung der Menschlichkeit. Der „Menschensohn“ „kommt“ nicht, er ist längst schon Wirklichkeit geworden in der irdischen Gestalt des Jesus von Nazareth …

Jesus von Nazareth 658f.

Liebe ist ein Stück vom Himmel

oder:
Wie unser Leben in ein neues Kraftfeld gerät

DIE LIEBE IST DIE EINZIGE MACHT, die uns ein Stück von jener Welt zeigt, wie Gott sie meinte, als er uns erschuf.

Markus II, 95

EINZIG DIE LIEBE IST IMSTANDE, die Erde mit dem Himmel zu verbinden, den Geist mit dem Körper, die Seele mit dem Fleisch, die „Sinnlichkeit", wie man so sagt, mit der Sittlichkeit, die Wahrheit des Herzens mit der Weisheit des Geistes. Der Riß, der den Menschen seit den Tagen der Angst, seit dem Augenblick des Sündenfalls durchzieht, wird einzig geheilt durch die Macht der Liebe.

Markus II, 96ff.

WENN MAN JEMALS IN SEINEM LEBEN einem Menschen begegnet, dessen Verständnis, Güte und Mut auch das eigene Leben mit Zuversicht, Freude und Liebe zu erfüllen vermochte, so ist es förmlich unvermeidbar, sein Herz für immer an diesen Menschen zu hängen; wer einem selbst das Leben schenkte und selbst zum Leben wurde, dem will und muß man aus innerem Antrieb auch von sich her das eigene Leben schenken.

Tiefenpsychologie und Exegese II, 272f.

EINE JEDE WIRKLICHE LIEBE besteht in der Entdeckung, daß der andere gerade das verkörpert, was einem selber in der eigenen Brust fehlt; in jeder wirklichen Liebe erscheint der andere als Gestalt gewordene Inkarnation eben der Hohlstelle aus Sehnsucht und Verlangen, die sich im eigenen Herzen auftut, und dieser Leerraum selbst kommt einem vor wie etwas von Gott selbst Verfügtes; in der Liebe erscheint der andere als lebende Traumwirklichkeit einer lebenslangen Suche und Wanderschaft. Oder anders ausgedrückt: die Liebe besteht ganz und gar in dem Empfinden, daß man so etwas, wie den anderen, sich wortwörtlich aus den „Rippen schneiden" müßte, wenn es ihn nicht gäbe.

Zugleich besteht die Liebe in einer tiefen Dankbarkeit gegenüber dem „Schicksal" Gottes. Denn immer tritt der andere, wenn man von Liebe zu ihm ergriffen wird, in das eigene Leben mit der Gewalt einer schicksalhaften Fügung ein; er begegnet einem wie ein von Gott Gesandter; man hat ihn sich nicht ausgesucht; man spürt an dieser Stelle höchsten Glücks nur deutlicher als sonst im ganzen Leben eine stille Führung, eine verborgene Bestimmung, der man nicht ausweichen kann, wenn man nicht völlig sich selbst zuwiderhandeln will. „Diesmal ist sie's" – dieser Ausruf Adams (Gen 2,23) drückt sehr treffend diesen Doppeleindruck von Überraschung und Zwang, von scheinbarem Zufall und innerer Notwendigkeit aus, der die Entdeckung der Liebe begleitet.

Psychoanalyse und Moraltheologie II, 26

NUR DIE LIEBENDEN *sind wirklich*: in ihrer Schönheit, in ihrem Glück und in ihrer Dankbarkeit.

Der Trommler 29

ÄHNLICH WIE DIE SONNE es den Blumen ermöglicht, zu ihrer vollen Blüte sich zu entfalten, so erschließen die Knospen der Seele sich nur in der Wärme und Helle der Liebe. Ein Dich-Wollen, das zum Sich-Wollen wird, eine Du-Anrede, die zur Ich-Aussage reift, ein Umfangen, das ein Empfangen wird, und dies alles in Wechselseitigkeit – das ist Liebe. Sie ist … ein energetischer Schwingkreis zwischen zwei Polen. Selbst das Bild von Gott, dessen Vorstellung von einem „Weltenbaumeister" ein für alle Mal seine Glaubwürdigkeit eingebüßt hat, müßte und sollte sich in diesem Sinne: einer nicht-eingreifenden und gerade darin alles ermöglichenden Liebe erneuern.

Hat der Glaube Hoffnung? 54

IN DER LIEBE VERLIERT EIN MENSCH sich nicht an den anderen und verliert auch nicht Gott; vielmehr: Wer sich hingibt an den anderen, *gewinnt* sich selbst und *gewinnt* Gott, der die Liebe selber ist.

Matthäus II, 476

VIELLEICHT KANN MAN DIE LIEBE überhaupt als eine Erfahrung beschreiben, die das Gefühl erzeugt, gemeinsam und unwiderruflich in eine neue Daseinsform einzutauchen, in der es kein Empfinden, keinen Gedanken, keinen Wunsch mehr gibt, der nicht aus diesem übergreifenden Erfahrungsraum einer wesenhaften Einheit und Verwiesenheit aufeinander entspringen würde, – eine Art neuer Geburt, ähnlich der Verschmelzung zweier Zellen am Anfang des individuellen Lebens. In jedem Falle besteht die Liebe darin, das Wesen des anderen *als ganzes*, weit mehr als im einzelnen schon erkennbar, zu mögen und zu wollen: – der andere *darf* gewissermaßen gar nicht anders sein, als er ist; er ist in sich ein vollendetes Kunstwerk, an dem nichts hinzuzufügen oder wegzunehmen ist, – *diese* Erfahrung bewirkt offenbar immer wieder, daß alles in der Seele eines Liebenden auf die Schönheit der Geliebten auch von sich her in der Weise von Poesie und Dichtung antworten möchte, und sie ist es auch, die aus der Liebe stets ein religiöses Erlebnis absoluter Dankbarkeit für das Dasein und die Wesensart des anderen macht.

Der Trommler 30

WAS SONST AUCH WÄRE DES MENSCHEN GLÜCK, als aus ganzem Herzen, mit ganzer Seele und mit allen Kräften zu lieben – lieben zu können (Mk 12,30)?

Brüderchen und Schwesterchen 86

DIE LIEBE DER RELIGION ZUR WELT im ganzen und die Religion der Liebe zu einem einzelnen Menschen bedingen sich wechselseitig; denn nur ein vorgängiges Vertrauen in den unsichtbaren Hintergrund der Welt erlaubt ein unbedingtes Vertrauen auch zu der Liebe eines einzelnen Menschen, und umgekehrt wird man das Dasein im ganzen niemals so intensiv und so dankbar als ein Geschenk des Himmels erfahren wie in der Liebe eines Menschen, der uns den Himmel nahebringt.

Träume von einer solchen „überirdischen“ Liebe pflegt man im Jargon der Tiefenpsychologie als Projektionen der „anima“ zu deuten; aber um zu verstehen, wovon die Märchen sprechen, wird man eher umgekehrt sagen müssen, daß sie eine Art von Liebe schildern, in der zwei Menschen sich und ihre Seele, einer im anderen, wechselseitig wiederfinden; nicht um „Projektionen“ geht es, sondern um eine Verschmelzung des Wesens. Wenn man einen anderen Menschen erlebt wie eine Erscheinung, die einem sagt, wer man wirklich ist, was in einem schlummert und wozu man fähig ist, wenn man den anderen braucht, um in ihm noch einmal zur Welt zu kommen um noch einmal mit ihm jung zu sein und um durch ihn für immer zu wissen, daß es keinen Tod mehr gibt, wenn man den anderen fühlen, denken und ersehnen muß, um ein Gefühl für sich selbst zu bekommen, um einen verborgenen Sinn im Weg des eigenen Lebens zu erkennen und um die Grenzen der äußeren Welt wie etwas Vorläufiges hinter sich zu lassen, dann steht man in dem Bann dieser … Magie und Poesie der Liebe, die in den Märchen ihr wohl leidenschaftlichstes und wahrstes Ausdrucksmedium erhalten hat, das auch in die Moderne noch hineinragt und hineinspricht.

Der Trommler 24

MENSCHEN KÖNNEN NICHT DIE LIEBE LEHREN, die selber Angst vor der Liebe haben; sie können nicht den Mut zur Selbstentfaltung schenken, solange sie selber nicht wagen, persönlich zu existieren – man kann einen anderen Menschen stets nur bis zu dem Punkt begleiten, bis wohin man selbst gekommen ist.

Kleriker 672

KANN EIN MENSCH, der die Liebe entdeckt hat als die Urmusik all seiner Sehnsucht und als die Erhebung seines Daseins zum Mittelpunkt der Welt, EINFACH SO WEITEREXISTIEREN, als wenn nichts gewesen wäre – eingerichtet, abgerichtet, zugerichtet einzig für die Oberfläche?

Wieviel Kraft besitzt die Liebe, mit der Konvention und Tradition zu brechen und sich durchzusetzen gegen den Gewohnheitsdruck der Umwelt?

Alles hängt von der Antwort auf diese Frage ab. Was bislang als ein Problem von Dichtung und Wahrheit, von Idealität und Realität, von Traum und Wirklichkeit erschien, gibt sich jetzt als das zu erkennen, was es im Grunde ist: als die alles entscheidende Frage an die Existenz eines jeden Menschen, wofür er leben will: für die eindimensionale Wohlversorgtheit des Spießers und Speckhöckers, der schon aus lauter Angst verleugnen muß, eine jenseitige Welt jemals gesehen zu haben, oder für die nie endende Sorge, einem Daseinsruf, einer Traumberufung folgen zu müssen, die gebieterisch verlangt, die „Schwimmbewegung der Unendlichkeit" im Endlichen zu „wiederholen"?

Der Trommler 63

DOCH SO UNBEANTWORTBAR DIESE FRAGE nach unserer Liebe AUCH IST, – gerade sie begleitet uns durch das ganze Leben. Immer wieder kehrt sie zurück, Jahr um Jahr, Stufe für Stufe, entsprechend den Stadien unseres Lebens, skeptisch und beunruhigend oft, eindringlicher und verbindlicher von Mal zu Mal. Einzig entlang dieser Frage reifen wir wirklich. Allein in dieser Frage liegt der wirkliche Maßstab unseres Lebens. Sollte man uns in zehn, in fünfzehn Jahren noch einmal fragen, wer wir sind, was wir in der Zwischenzeit gemacht haben und was aus uns geworden ist, so wird sich die Antwort einzig an dieser Frage orientieren: Haben wir es vermocht, in der Liebe zu wachsen?

Ich steige hinab in die Barke der Sonne 223

ES MAG EINE LIEBE GEBEN, die der ganzen Welt und der Menschheit gilt, aber auch sie wird erst lebendig und wahr in der Liebe zu einem einzelnen Menschen, in dem die ganze Welt, die ganze Menschheit wie in magischer Verzauberung sich verdichtet.

Der Trommler 24

LIEBE IST eigentlich das einzige Gut, das man ständig teilen kann, ohne daß es weniger wird.

Wer hat, dem wird gegeben 130

EIN JEDER MENSCH richtet im Grunde an das Leben nicht so sehr die Frage, was er aus sich machen kann oder was er mit seinen Fähigkeiten tun soll; die tiefste Frage des menschlichen Herzens gilt dem Wunsch und dem Bemühen, akzeptabel und liebenswert genug zu sein, um eine Liebe zu erfahren, die ihm das Gefühl verleiht, berechtigt auf der Welt zu sein. Um eine solche Liebe zu erringen, unternimmt ein Mensch alles, denn nichts ist schlimmer, als denken zu müssen, die eigene Person lange nicht aus, um die notwendige Liebe zu verdienen.

Tiefenpsychologie und Exegese II, 749

ES IST DIE VIELLEICHT SCHÖNSTE „DEFINITION" dessen was „Liebe" ist, wenn wir sagen: sie ist die Fähigkeit, hinter all den Verhüllungen der irdischen Existenz, hinter all den Verhängnissen und Schicksalsschlägen, hinter all den Einengungen und Unwägbarkeiten des Lebens die wahre Gestalt des anderen wahrzunehmen und sie unbeirrt als seine eigentliche Wahrheit zu setzen.

Denn allein die Liebe ist imstande, das wahre Wesen eines Menschen zu erahnen; nur sie vermag die Ewigkeitsbedeutung eines Menschen zu erfassen.

An ihren Früchten sollt ihr sie erkennen 86

WAS SOLLTE UNS DER AUSBLICK, die Verheißung eines Himmels, wenn nicht auf Erden selber schon die Freundschaft und die Liebe unvergänglich wären und durch sich selbst befähigt, das Unvergängliche, das Ewig Gültige im Leben

eines anderen geliebten Menschen wahrzunehmen? Wenn ein Mensch stirbt, meinten die alten Ägypter, erhebt sich seine Seele wie ein Vogel zum Himmel, um dort mit dem Licht der Sonne und der Sterne zu verschmelzen. Einzig die Liebe hat die Kraft, schon hier auf Erden die Seele eines Menschen so zu sehen, als etwas, das sich sehnt nach seiner ewigen Heimat, mit Schwingen aus Sternenlicht und dem Goldglanz der Sonne. Nur die Liebe ist ein solches Stück vom Himmel, nur sie sieht mit den Augen Gottes. Die Theologen brauchten keine „bessere" Psychologie zu ersinnen als die Psychoanalytiker; aber sie könnten ihrerseits, wenn sie bescheiden und lernbereit genug sind, die Ärzte der Seele lehren, vom Menschen noch tiefer zu träumen und noch erhabener zu denken, als es „empirisch" möglich scheint. Schließlich wird es einzig dieser würdigere Traum der Religion vom Menschen sein, der uns auf Erden schon den Himmel ahnen und uns das irdisch Schönste als das einzig Unvergängliche erkennen läßt: die Liebe (1 Kor 13,13).
Psychoanalyse der Moraltheologie II, 15f.

ES IST EINZIG DIE LIEBE, die uns lehrt, daß wir mehr sind als nur ein Teil der Natur. Nichts von all dem, was uns umgibt, beantwortet irgendeine wesentliche Frage unseres Lebens: warum wir existieren, warum wir überhaupt sind. Das kalte Feuer der Sterne schweigt auf unsere Fragen. Die Erde ermöglicht uns, aber wir sind ihr gleichgültig. Und bliebe es nur dabei, müßten wir fast denken, daß sich die Natur erlaubt hätte, mit uns gewissermaßen Scherz zu treiben, indem sie Wesen hervorbringt, die immerzu Fragen in ihren Köpfen haben, auf die sie nicht nur zu antworten sich weigert, sondern die sie mit ihren toten Gesetzen gar nicht beantworten kann, ganz so, als hätte sie nur herausfinden wollen, wie lang solche Wesen wie wir es überhaupt vermögen, auf dieser Erde zu existieren, ohne zu verzweifeln.

Die einzige Antwort, die wir besitzen, besteht darin, daß wir uns inmitten der grenzenlosen Einsamkeit der Natur als Menschen zusammenschließen und, so intensiv wir können, versuchen, gegen den Tod anzulieben. Wenn irgend jemand den anderen wesentlich in sein Herz schließt, formen sich, ob er es will oder nicht, ober er es auch nur denkt oder für möglich hält, wie von selber all die Antworten, die uns wirklich tragen. In der Liebe entdecken wir, daß wir einander notwendig sind. Der Natur ebenso wie der menschlichen Geschichte im ganzen sind wir ziemlich nebensächlich, aber einem Menschen, der uns liebt, sind wir wichtig und höchst bedeutsam, so daß er traurig wird und oft verzweifelt, gäbe es uns nicht.

Wohlgemerkt, er liebt uns womöglich nicht, weil er uns nötig hätte, sondern genau umgekehrt: wir sind ihm nötig, weil er uns liebt. Nur durch die Liebe sind wir imstande, uns selber als Personen zu formen, indem wir beginnen, an die eigene Bedeutung überhaupt erst zu glauben. Und vermutlich war dies schon die ganze Tat Jesu, als er auf Erden war, daß er Menschen, die bis dahin sich fühlten wie Blätter im Wind, lehrte und es ihnen zur Erfahrung machte, sie seien etwas unverzichtbar Wesentliches für Gott.

Was uns Zukunft gibt 200f.

SCHON AUF ERDEN LÄSST UNS DIE LIEBE unsere körperliche Existenz auf eine Weise erleben, die uns ein Stück vom Himmel zeigt. Wie denn verhält es sich, wenn Menschen auf Erden zueinander finden, daß es Gültigkeit beansprucht bis in alle Ewigkeit? Ohne unseren Körper könnten wir einander weder fühlen noch hören noch sehen; und doch ist es das Eigenartige in der Liebe, daß alle körperlichen Bereiche der Wahrnehmung sich zu einem Feld zeitloser Poesie öffnen. Wir sagen z.B. einander, daß wir „Hand in Hand" miteinander durchs Leben gehen wollen – das Wort selbst ist ganz dem körperlichen Erleben entnommen, aber in Wahrheit versichert es uns bildhaft einer unauflöslichen Verbundenheit, ganz unabhängig von jeder räumlichen Nähe. Oder wir sagen einander: „Ich werde meine Hand über dich halten", und wir meinen damit nicht eine körperliche Gebärde, sondern eine gewisse Behütetheit in der Art, einander zu behandeln. Oder wir sprechen von den glänzenden Augen des anderen, sie können hell schimmern wie Sterne oder dunkel sein vor Traurigkeit; oder wir sehen das Haar des anderen, und es erinnert uns an das Funkeln der Steine, an das Wogen des Grases oder an das Band der Milchstraße. *Jeder* Teil des Körpers eines Menschen, den wir lieben, verwandelt sich in der Poesie der Liebe in einen Reichtum von Bildern, die sich ausdehnen, wie wenn alles Körperhafte sich in der Zärtlichkeit der Sprache verunendlichen würde, indem es immer neue Assoziationen in sich aufnimmt und zu der ganzen Welt der Schönheit, die uns umgibt, in immer tiefere Verbindung tritt. So lehrt die Liebe schon auf Erden, miteinander so zu leben, daß es an jeder Stelle um uns und in uns weit wird bis zum Horizont und unsere Seele sich erhebt zu dem Gesang der Ewigkeit.

Will man von daher verstehen, was im Tode mit uns geschieht, so muß man wohl sagen, daß Gott, der die Liebe ist, im Augenblick des Sterbens eigentlich nur dies tut: daß er die Liebe ewig setzt und aus ihr einen nicht endenden Lobpreis des Glücks und der Dankbarkeit formt. Wir brauchen eines Tages nicht mehr die Hände, um einander zu spüren, und wir brauchen nicht mehr die Augen, um einander zu sehen; was wir einzig brauchen, ist eine Seele, die nicht aufhört, in Bildern zu fühlen, in Gleichnissen zu träumen und in der Poesie der Liebe einander nahe zu sein. Wir sind und werden niemals „reine" Geister sein; aber die dichte Erfahrung einer nicht endenden Welt der Bilder, in der wir die Existenz des anderen buchstäblich als „verklärt" zu erfahren vermögen, muß die Art sein, in der wir in der Liebe einander nahe sind.

Markus I, 19f.

ES IST NICHT ALLEIN, daß die Liebe zu einem anderen den tiefsten Grund für den Glauben an die Auferstehung bildet, sondern es zeigt sich auch umgekehrt, daß nur der Glaube an die Auferstehung zur Liebe befähigt. Die Liebe kommt um vor Angst und verzerrt sich zu einem tödlichen Fürsorgeterror, wenn es nur dieses irdische Leben gibt, ohne die Weite der Unendlichkeit. „Glaube nur" – das bedeutet, die Seele auszuspannen bis zum Horizont und sich Gott anzuvertrauen, der ewig ist.

Tiefenpsychologie und Exegese II, 304

Welt voller Wunder

oder:
Wie unser Herz ganz,
unsere Seele weit und unser
Denken stark wird

ES IST DAS WICHTIGSTE, WAS WIR IM LEBEN LERNEN KÖNNEN: das eigene Wesen zu finden und ihm treu zu bleiben. Allein darauf kommt es an, und nur auf diese Weise dienen wir Gott *ganz*: daß wir begreifen, wer wir selber sind, und den Mut gewinnen, uns selber zu leben. Denn es gibt Melodien, es gibt Worte, es gibt Bilder, es gibt Gesänge, die nur in uns, in unserer Seele schlummern, und es bildet die zentrale Aufgabe unseres Lebens, sie auszusagen und auszusingen. Einzig zu diesem Zweck sind wir gemacht; und keine andere Aufgabe ist wichtiger, als herauszufinden, welch ein Reichtum in uns liegt. Erst dann wird *unser Herz ganz*, erst dann wird *unsere Seele weit*, erst dann wird *unser Denken stark*. Und erst mit *allen* Kräften, die in uns angelegt sind, dienen und preisen wir unseren Schöpfer, wie er es verdient.

Markus II, 289f.

ES GIBT FÜR UNS MENSCHEN keine andere Form von Wahrheit als die Wahrheit unseres Herzens – *sie* hat Gott uns gegeben, als er uns erschuf, und es kommt einzig darauf an, gegen alle Verstellungen der Angst zu dieser Wahrheit, in der Gott uns gemeint hat, als er uns ins Dasein rief, zurückzufinden.

An ihren Früchten sollt ihr sie erkennen 60

EIN KIND kann man nicht für seine Tüchtigkeit und seine Leistung lieben, es kann ja noch gar nichts, es tut noch gar nichts Nützliches; ein Kind kann man nicht dafür lieben, daß es etwas Besonderes besäße oder vorzuzeigen hätte, – es hat im Gegenteil noch nichts zu eigen; man muß es schon, wenn man es lieben will, um seiner selbst willen liebhaben. Das ist das ganze Geheimnis eines Kindes, daß es uns durch sein bloßes Dasein nötigt, es zu lieben, und daß es davon lebt, für nichts geliebt zu werden.

Darin, daß wir so von uns selber denken würden, läge unsere Erlösung: daß wir einmal den Mut hätten, gratis zu leben, und uns mal getrauen würden, uns einfach schon durch unser Dasein als berechtigt zu empfinden.

Tiefenpsychologie und Exegese I, 505f.

WENN JEMAND VERZWEIFELT IST, fragt er sich, warum er überhaupt lebt; wenn jemand gelangweilt ist, fragt er sich, was für einen Sinn sein Leben haben soll. Nur wenn wir sehr glücklich sind, stellen sich derartige Fragen scheinbar gar nicht mehr, sondern beantworten sich von innen her wie von selbst, durch ein Gefühl der Sicherheit und der Geborgenheit im Dasein.

Markus II, 285f.

MEHR ALS ALLE LEHREN, mehr als jedes Mantra, mehr als alle Wundertaten zählt ein Mensch, der es wagt, die Liebe zu leben, und der darüber die Angst vor der Ächtung der andern verliert. Ein solcher ist selber die Lehre, ist selber das Wort, ist selber das Wunder, in welches ein jeder sich selber verwandeln muß, um wirklich als Mensch zu sein und damit der Wirklichkeit des „Menschensohns“ zu entsprechen.

Jesus von Nazareth 41

NUR EIN MENSCH, der seinen Wert, seine Größe, seine Berufung, sein Ich findet, wird irgendetwas Rechtes bewirken für die andern, und er wird sich nur finden unter den Augen einer Bejahung, die stark genug ist, alle Selbstzweifel zu widerlegen.

Den eigenen Weg gehen 266

KEIN UNHEIL INDESSEN WÜTET in der menschlichen Geschichte SO DÄMONISCH, so furchtbar und so grausam wie der fanatische Wille zum bedingungslos Guten, wie dieses Bestreben, die menschliche Geschichte und nach Möglichkeit die ganze Natur von allem Negativen, von jedem Schatten, von jedem Unheil reinzufegen. Dieser Einstellung der „gefallenen Engel“, der an der Welt bis zur Unerträglichkeit Leidenden, verdanken wir die Revolutionen, die heiligen Kriege, die Razzien, die Ausrottungen, die furchtbare Blutmühle der Ideologen. Im Namen der Reinheit wurden und werden noch heute die Inquisitionen geführt, die Säuberungsaktionen geleitet und die schlimmsten Unbarmherzigkeiten begangen – mit reinem Gewissen.

Nicht nur im Großen verhält sich dies so; schlimmer und schrecklicher ist es im Grunde noch, immer wieder mitansehen zu müssen, wie man Menschen nötigt, in dieser Weise mit sich selber umzugehen: Wir müssten das

Böse unterdrücken, uns selber beherrschen, wir dürften keinen Tag verstreichen lassen, an dem wir nicht gegen das wuchernde Unkraut der Seele ins Feld und zu Felde zögen.

Was uns Zukunft gibt 106f.

DAS EINZIGE, WAS MAN TUN KANN, ist, die eigene Mentalität oder Person, so weit es irgend geht, von Ängsten oder Störungen freizuhalten, so daß sie zu einem Spiegel wird, in dem der andere sich wirklich sehen kann. Also mit möglichst wenig Verzerrungen, möglichst wenig Brechungen. Man sollte imstande sein, den anderen so zu verstehen, wie er sich meint. Für mich ist immer die schönste Erfahrung, wenn es mir gelingt, das, was ein anderer sagt, so in Bildern auszudrücken, daß er antwortet: „Das ist ja genau das, was ich dieser Tage geträumt habe." Das zeigt mir, daß es stimmt, und führt dann auch meistens weiter. Und das möchte ich eigentlich. Ich möchte Brücken bauen in ein Reich der Träume, wo Menschen Götter sind.

Wort des Heils – Wort der Heilung I, 131

NUR SCHRITT FÜR SCHRITT wird man dahin gelangen, die Äußerlichkeit aufzugeben und innerlich wahr zu werden.

Der goldene Vogel 36

SOLANGE MAN NOCH JUNG IST und am Anfang seines Lebens steht, träumt man wohl oft noch ohne jedes Maß und noch wie ziellos von den unbegrenzten Möglichkeiten des eigenen Lebens; erst nach und nach, indem es sich verwirklicht, werden die Grenzen enger. Der Unglückliche, der leer Gebliebene, wird solche Eingrenzungen voller Angst und Traurigkeit erleben – schon wieder ist er ein Stück ärmer geworden, und wieder ist ihm etwas Wesentliches seines Lebens durch den Strom der Zeit abhanden gekommen. Der Glückliche indessen sieht in derartigen notwendigen Beschränkungen seines Lebens eher die eigene Form seines Wesens reifen, und er verzichtet gern auf andere Möglichkeiten, wenn dadurch etwas ganz Bestimmtes in ihm zur Wirklichkeit gelangen kann.

Tiefenpsychologie und Exegese 417f.

MAN TRÄGT ZUM GLÜCK ANDERER Menschen gerade so viel bei, als man selber an Glück sich erworben hat; man darf nicht die Hilfsbedürftigkeit des anderen brauchen, um selber sich Berechtigung und Notwendigkeit zu verschaffen; und es gibt eine Pflicht, selber zu sein, oder man wird eines Tages bemerken müssen, wie man durch die eigenen Lebenseinschränkungen auch andere Menschen einengt und hindert, sie selbst zu werden.

Kleriker 693

GLÜCK IST ANSTECKEND; es flutet über sich hinaus und teilt sich mit, so wie das Licht der Sonne, bis in die letzte Zone. Jedes Kind hat schon diese Erfahrung gemacht: es streichelt seine Katze oder seinen Hund – und es ist selber überglücklich, wenn es die Katze schnurren und den Hund leise jaulen hört. Das größte Glück auf Erden besteht darin, einem fremden Glück beiwohnen zu dürfen, das uns selbst am Herzen liegt, und nichts ist schöner als mitanzusehen, wie jemand zu seiner Wahrheit und zu seinem Glück hinfindet. Erst in dem Glück des anderen wird auch unser eigenes Glück vollkommen und wirklich. Völlig selbstlos, weitherzig, verschwenderisch und teilnahmsvoll ist nur das Glück.

Markus I, 597f.

FREUDE – das ist sowohl die restlose Beseitigung des Hochmuts als auch die dauernde Vereinigung des Ich mit seiner „Seele".

Der goldene Vogel 55

WIR SOLLTEN DIE STIRN HABEN, nach vorne zu blicken, durch die Dunkelheit hindurch, um mehr an die Sterne zu glauben als an die Nacht. Möge doch endlich der „Menschensohn" kommen! Möge er kommen um Mitternacht, daß ihn die Dunkelheit erwartet; möge er kommen am Abend, daß ihn die Dämmerung aufnimmt; möge er kommen beim Hahnenschrei, daß ihn das Morgenrot empfängt (Mk 13,35).

Markus II, 410

DER DEUTSCHE WORTSCHATZ, den Fridolin Stier in seiner Übersetzung (des Neuen Testaments) aufgreift, kennt ein altertümliches, aber zutreffendes Wort, das von „Dämonen“ redet als von *Abergeistern* … Kaum spüren wir, welch ein Traum in unserer Seele wach werden könnte, da gibt es Stimmen in uns, die sagen: „Aber so geht es nicht.“ Kaum glauben wir zu wissen, wie wir leben sollten, da beginnt es über uns mit Vorwürfen hereinzuregnen: „*Aber* bilde Dir nur nichts ein!“ – Den „Geistern“ dieses ständigen „Aber“ hat Jesus buchstäblich den Mund verboten. Er, der sonst den Stummen den Mund öffnet, verbietet diesen „Abergeistern“ weiterzureden.

Markus I, 207

WIRKLICH ERWACHSEN WIRD EIN MENSCH gewiß erst, wenn er beginnt, mit dem Tode zu rechnen. Von diesem Zeitpunkt an ändert sich das Zeitgefühl: die Begrenztheit des Daseins tritt jetzt unaufhaltsam drohend oder tröstlich in Erscheinung, und es ist die erhabenste Kunst und das sicherste Kriterium eines geglückten Lebens, das Altern anzunehmen als ein ruhiges Reifen und Hineinwachsen in Gott. Doch wiederum muß man die Unbegrenztheit des Lebens glauben, um seine irdische Begrenztheit auch im Dahinschwinden der Jugend anzunehmen. Das Altern ist ja nicht nur ein langsames Sterben, ein Schwinden der Kräfte, es ist auch ein immer deutlicheres Sichtbarwerden der Seele im Körper. Spätestens von 40 Jahren an ist ein Mensch für sein Aussehen selber verantwortlich – nicht in kosmetischem, sondern in geistigem Sinne, denn zunehmend schärfer prägt im Alter die Seele, das eigene Wesen, sich in den Zügen und Falten des Gesichtes, der Augen, des Mundes, der Hände, der ganzen Haltung aus.

Fast gnadenlos graben sich jetzt Tugend und Laster, Güte und Bosheit, Adel und Dummheit, Straffheit und Faulheit, Geist und Ungeist in holzschnittartiger Vereinfachung ins Fleisch, als beanspruche die Seele nunmehr, den letzten Rest des Körpers aufzuzehren, ehe nur sie allein zu ihrem Schöpfer zurückkehrt. Jedoch, wenn jedes Reifen nur geschieht vermöge der Liebe, so wollen wir hoffen, daß vor allem das Alter uns gegeben sei als eine Zeit der zärtlichen Erinnerung, des verständnisvollen Ausruhens beieinander und eines nicht endenden Gesprächs geschwisterlicher Freundschaft, die gemeinsam einmündet in Gott, um sich in ihm gemeinsam fortzusetzen.

Psychoanalyse und Moraltheologie III, 24f.

Reichtum, der in uns ruht

oder: Wie wir unser Leben neu entdecken

ES SOLLE ETWAS GEBEN, dem man aus ganzem Herzen, ganzem Denken und aus ganzer Kraft sich widmen könne …, und zwar sein ganzes Leben lang.

Der goldene Vogel 52

ES MUSS, DAMIT WIR RICHTIG LEBEN, irgendwann und -wo ein Gefühl geben, daß wir die Welt nicht zu retten brauchen. Sie ist hervorgegangen aus den Händen Gottes, und es gäbe keinen Sabbat, hätte Gott nicht herausgefunden, daß sie – ich sage es vorsichtig – an sich gar nicht so schlecht wäre.

Den eigenen Weg gehen 106

OHNE WAHRHAFTIGKEIT in allen Herzendingen finden Menschen nicht zueinander.

Ich steige hinab in die Barke der Sonne 200

WAS WIR IN UNSEREM KULTURRAUM offenbar zu wenig lernen, ist die Kunst, füreinander *nicht* zu handeln, *nicht* zu denken, *nicht* etwas zu *machen*, sondern füreinander *dazusein*.

Markus II, 293f.

JENE WELT, AUF DIE *WIR* WARTEN und in der wir einzig menschlich leben könnten, müßte getragen sein von dem Bemühen um Verständnis füreinander und von einer universellen Hilfsbereitschaft gegenüber jeder menschlichen Not, wo immer wir ihr begegnen; wieviel könnten wir zu diesem Zweck von unseren ganz normalen Gewohnheiten preisgeben, um an Menschlichkeit zu gewinnen!

Markus II, 395f.

JA, ES KÖNNTE MIT UNSEREM LEBEN eine erstaunliche Wandlung vor sich gehen: ein anderer Stil des Menschseins könnte geboren werden, indem die Grundfrage unseres Lebens nicht länger mehr lautete, wie führe ich mich den anderen vor oder wie führe ich mich vor den anderen auf, sondern einzig darauf ausgerichtet wäre, wie ich dem anderen von Nutzen sein kann. Es ginge nicht länger mehr darum, wie ich mich vor den Augen der anderen durch Potemkinsche Dörferbauten, durch Größenstaffagen scheinbarer Herrlichkeit, absichern kann, es ginge darum, wie ich selber zu meiner eigenen Angst ja sagen und mit ihr ein Stück vertrauensvoller umgehen kann. Am Ende entstünde ein Freiraum, der es sogar ermöglicht, die Hilflosigkeit, die Angst, die Kleinheit auch im anderen wahrnehmen und ihm die Chance zu geben, gefahrlos von den Podesten herunterzusteigen, auf die er in seiner Angst geflohen war.

Markus II, 58f.

WENN WIR IN UNSEREN BEZIEHUNGEN zueinander *uns selber* als *geheilt* empfinden, … könnten wir uns wechselseitig von Respekt, von Hochachtung, von Vertrauen, von Zuversicht bestimmen lassen, und wir könnten den Mut aufbringen, an die Möglichkeiten des anderen ernsthaft zu glauben. Doch dazu gehört, daß wir die eigene Wahrheit zunächst einmal bei uns selber suchen, statt die Schwierigkeiten, die wir mit uns haben, partout im anderen lösen zu wollen; es gehört dazu auch, sich als erstes selber zu fragen, wie man lebt, statt zu beaufsichtigen, wie der andere sein Leben einrichten möchte.

Markus I, 491f.

NICHTS ÄNDERT SICH, und nichts bessert sich an uns, ehe wir nicht anfangen, uns selber zu verstehen. Und da gilt es, vor allem zu begreifen, daß es kein Böses gibt, das wir einem andern zufügen, wir hätten es denn zunächst uns selber zugefügt. Begreifen müssen wir, daß wir keine Lüge sprechen können, ohne uns selber zu betrügen, daß wir mit jeder Unzucht ein Stück von der eigenen Würde preisgeben und daß wir mit jedem chronisch gewordenen Haß auf andere immer zugleich auch ein Stück persönlicher Liebenswürdigkeit einbüßen und an Wertschätzung unserer selbst mit Füßen treten.

Ich steige hinab in die Barke der Sonne 202f.

UNSERE MODERNE GESELLSCHAFT gründet sich *wesentlich* auf das Geld: Die Verwaltung unserer Gesellschaft in Form der Politik, die meisten menschlichen Beziehungen, sogar unsere Ideale gründen sich auf Geld. Gewiß, wir glauben auch an Gott, schon seit 1500 Jahren sind wir Bewohner des christlichen Abendlandes. Aber wie kommt es dann, daß, wo irgend ein anderer Kulturkreis mit uns Europäern in Berührung gekommen ist, er von uns nicht Gott gelernt hat, sondern den krassen Materialismus, daß es in unserem Denken und Handeln keinen Wert gibt – keinen religiösen, keinen menschlichen, keinen natürlichen – außer dem Geld, und daß dies offensichtlich die einzige Wahrheit ist, die wir bis in die Südsee und bis zum Nordpol wirklich exportieren: wie man im Namen des Geldes die Natur zerstört, den Menschen entwürdigt und Gott zu diesem Zweck als Alibi mißbraucht?

Markus II, 409

„REICH" IM SINNE JESU ist nicht derjenige, der viel besitzt, sondern derjenige, der viel besitzen *muß*, um die Angst zu beruhigen, nicht gut, nicht tüchtig, nicht angesehen, nicht nützlich, nicht perfekt, nicht stark genug zu sein, um gesichert und beruhigt im Dasein existieren zu können. Erst wenn Geld und Besitz auf Fragen antworten sollen, die sie prinzipiell nicht beantworten *können*, wird der Besitzende zum Gefangenen, wird das Geld zum Fetisch, wird das Haben zum Verlust an Sein. Der Gegensatz ist deutlich: Von *materieller* Armut kann man nur in Richtung von mehr materiellem Besitz erlösen; das eigentliche Problem aber lautet: Wie erlöst man einen Menschen davon, sich an seine Habseligkeiten zu klammern, als wenn sie seine Seligkeit wären? Wie ist es möglich, ihm zu zeigen, daß *weniger mehr* ist?

Kleriker 680

ES GEHT DARUM, SICH ZU FRAGEN, was alles aufhören könnte und sollte, um ein Leben zu beginnen, das uns aufschauen läßt zu den Wolken des Himmels und uns der Vision der Menschlichkeit näherbringt. Wohin wir auch schauen, stehen wir uns selber im Wege und werfen Schatten auf unsere eigene Hoffnung. Nur deshalb bricht das, worauf wir in Wahrheit am meisten warten, schließlich wie eine tödliche Gefahr, wie ein Weltuntergang in unser Leben ein.

Markus II, 377

GEWISS, MAN KANN SCHEITERN, und man kann das Scheitern fürchten. Aber wer nur das Scheitern fürchtet, scheitert sicherlich, denn er kommt nicht dazu, überhaupt auch nur irgendetwas zu tun. Man kann sich verspekulieren, und man kann etwas falsch machen, das ist wahr; aber wer in seinem Leben nur alles richtig machen will, macht niemals etwas richtig, und wer grundsätzlich sich davor schützen möchte, daß ihm am Ende eine Chance entgeht oder er auf das falsche Pferd gesetzt hat, wird nie zu einem Gewinn kommen.

Tiefenpsychologie und Exegese II, 751f.

MAN DARF SICH NICHTS VORMACHEN: Es gibt Augenblicke in unserem Leben, die endgültig sind, und wer bestimmte Entscheidungen immer wieder aufschiebt, für den kann es eines Tages unerbittlich heißen: zu spät!

Markus II, 189

IRGENDWO GIBT ES IN ALL DER DUNKELHEIT und Nacht unseres Lebens einige Dinge, die klar sind und unter allen Umständen klar bleiben müssen: der Respekt, die Ehrfurcht, das Mitleid, das Bekenntnis der Schuld, das Bekenntnis zu der Würde des Menschen, die Überzeugung, daß die Macht in ihrer Zerstörungskraft über Menschen Grenzen haben muß, – all das zählt zu solchen Punkten, die klar bleiben müssen.

Markus II, 681

WO IMMER WIR DIE UNVERFÄLSCHTE, KINDLICHE GESTALT in dem Wesen eines anderen Menschen berühren, rühren wir an die Schöpferhände Gottes, die wollten, daß er so ist. Etwas Wunderbares haben wir einander zu vermitteln, wenn wir uns wechselseitig erlauben, das Allereinfachste zu tun: einfach zu leben und zu denken, daß Gott uns und all die Menschen, die uns nahe sind, für das liebt, was wir wirklich sind.

Markus II, 51

Liebe und Tod

oder:
Warum die Liebe stärker ist
als der Tod

WIE VIELE WEGE muß man mit Menschen gehen, ehe sie nach Hause finden?

Leben, das dem Tod entwächst 249

NUR ZWEI THEMEN SIND WIRKLICH WICHTIG im Leben – die Liebe und der Tod. Beide hängen zusammen: Nur wer liebt, leidet beim Sterben des Menschen, des Tiers, das ihm nahesteht; über die Trauer des Todes aber hebt einzig Liebe hinweg. Sie allein bildet den Ort, da die Erde den Himmel erahnen läßt. Sie allein trägt den Trost der Unsterblichkeit.

Eine Liebe stärker als der Tod 7

DEM GESAMTEN WELTALL mögen wir gleichgültig, unwesentlich und völlig nebensächlich erscheinen; im Leben eines Menschen, der uns liebt, sind wir unbedingt wesentlich und unverzichtbar. Nur durch die Liebe gewinnen wir Menschen den Mut, als Individuen zu existieren; doch gerade dadurch fallen wir aus der Ordnung der Natur heraus; gerade dadurch wird uns der Tod zu einer unerträglichen Zumutung.

Ich steige hinab in die Barke der Sonne 41

IN DIESER WELT SIND WIR DIE EINZIGEN Lebewesen, die nicht nur, unbekannt wann, den Tod erleiden müssen, sondern die ihr Leben lang wissen, daß es sich so verhält. Stets hockt er neben uns, manchmal eine Armeslänge weit, dann wieder eine Handspanne nah, gnädig winkend mitunter wie ein Freund im Dämmerlicht einer allmählich endenden Nacht, grausam grinsend mitunter in der Gleichgültigkeit eines überlegenen Siegers, der in einem schnöden Augenblick das Kostbarste an unserer Seite hinwegreißt. Welch einen Wert hat unsere Existenz, wenn der Tod jederzeit zu zeigen vermag, wie überzählig wir sind? Wir können versuchen, die Sterblichkeit unseres Daseins als Waffe zu nutzen. Lebt nicht alles Leben vom Töten anderen Lebens? Belohnt nicht die Evolution einzig die „Fittesten" im Kampf ums Überleben?

Wir alle stehn in der Hand des Todes, wir müssen nur aufhören, uns davor zu fürchten. Dann können wir heute noch anfangen, richtig zu leben. Wir haben nichts zu verlieren: keine Rechte, keine Titel, keine Ansprüche – uns gehört nichts; aber wir können alles gewinnen: Mitleid, Milde und Menschlichkeit – wir gehören zusammen.

Eine Liebe stärker als der Tod 7f.

UM SO DRINGLICHER IST ES, den Tod nicht nur zu beklagen; es kommt darauf an, dem Zeugnis der Seele entschlossener Folge zu leisten als dem Zeugnis der Sinne und den Augen des Herzens mehr Glauben zu schenken als den Augen des Leibes. Immer verwandelt die Liebe das Leben eines geliebten Menschen in eine lebende Legende, und nur durch den Eintritt in diese Sphäre des legendären Charakters der Liebe öffnen sich die Augen für eine tiefere Sicht sowohl des Lebens wie des Todes eines Menschen, den wir lieben.

Tiefenpsychologie und Exegese II, 425f.

KAUM EINE INFORMATION IST ERSCHRECKENDER, als daß in unserer Gesellschaft nur noch etwa 40% der Bevölkerung an ein persönliches Leben jenseits des Todes glauben … Aber es scheint, als sei die personale Substanz, die geistige Konsistenz des Individuellen derart ausgezehrt, daß sich im Bewußtsein zunehmend die Lebenswirklichkeit der Großstädte ausbreitet: die graue Anonymität, die mechanisierte Sinnlosigkeit, die fast zwanghafte Reduktion des Lebens auf Konsum, Verwertbarkeit und scheinrationale Planbarkeit, und parallel dazu ein Tod, der so belanglos ist, wie man gelebt hat: ein statistisches Kommen und Gehen ohne Sinn und Bedeutung.

Psychoanalyse und Moraltheologie III, 19

EINE SEHR SCHÖNE VORSTELLUNG, speziell der katholischen Kirche, war und ist es, daß man im Moment des Sterbens in ein persönliches Gericht eintritt. Ich möchte das so wiedergeben: Sterben bedeutet, unter die Augen der Kraft und der Güte zu treten, die gewollt hat, daß wir sind. Und es wäre möglich, wir erführen unter den Augen Gottes das eigentliche Thema unseres Daseins noch einmal vollkommen, wir könnten begreifen, wozu wir bestimmt waren, wir würden deutlich fühlen, worin wir gefehlt haben, aber wir würden angesichts Gottes am meisten leiden wegen der Augenblicke, in denen wir zu kurz geraten waren aus Angst. Wie viel Dummheiten haben wir machen zu müssen geglaubt, um uns zu schützen, zu verteidigen, um hochzukommen. Und das alles war nicht nötig, weil es Menschen wehgetan hat.

Wort des Heils – Wort der Heilung III, 134f.

DER TOD ALS EIN TRAUMGLEICHES ENTSCHWEBEN der Seele, als eine Verschmelzung mit der Göttin des sternübersäten nächtlichen Himmels Ägyptens, als Rückkehr zu jener uranfänglichen Hochzeit von Himmel und Erde, mit welcher die Welt begann, als ein Entschlafen in den zärtlichen Armen der *Nut*, die mit ihrem Munde das Leben hinwegküßt und es aus ihrem himmlischen Dasein noch einmal gebiert zu einem ihr gleichen, überirdischen, unwandelbaren Wesen – all diese schillernden Chiffren, die das Symbol der *Himmelfahrt* umspielen und umhüllen, eröffnen in sich bereits eine Zauberwelt magischer Zuversicht; sie machen Mut zu der Hoffnung eines zutiefst *mütterlichen* Welt- und Lebensgefühls, indem sie eine Poesie kindlicher Sehnsucht und Geborgenheit ausbilden und in menschheitlichen Bildern und Visionen ausgestalten.

Ich steige hinab in die Barke der Sonne 96

DAS GANZE GEHEIMNIS DES TODES aber liegt darin, daß man sich mit ihm versöhnen kann, wenn man einen anderen Menschen an seiner Seite unendlich liebgewinnt. Nur in der Liebe erschließt sich die unendliche Schönheit und die absolute Notwendigkeit der Existenz eines bestimmten Menschen; nur in der Liebe taucht man gewissermaßen an den Anfang der Schöpfung zurück und vollzieht von innen her den Entschluß Gottes nach, der von Ewigkeit her wollte, daß es diesen einen besonderen Menschen gibt. Die ewig unbeantwortbare Frage aller Metaphysik: warum ist etwas und nicht vielmehr nichts?, findet durch die Liebe ihre Beruhigung. Die Liebe weiß, daß es den anderen geben muß, macht vom Grund des Daseins her dankbar gegenüber Gott für das unermeßliche Geschenk des Lebens. In der Liebe wird der andere zu einem Fenster, das die Welt hell macht und durchsichtig auf Gott hin, und umgekehrt wird seine Zuneigung zu einem Weg und einer Brücke, die von dieser Welt hinüberreichen in die Ewigkeit.

Für den Menschheitsglauben an die Unsterblichkeit des einzelnen gibt es keine wichtigere Stütze als das Argument der Freundschaft und der Liebe – besteht die Liebe doch in nichts anderem als darin, die ganze Welt in ein magisch-poetisches Symbol zu vergeistigen, das an jedem Ort die Nähe des anderen symbolisch bezeichnet und in einer ewig zeitlosen Gegenwart heraufbeschwört.

In der Liebe beginnen im träumenden Schein des Mondes die Sterne zu leuchten wie die Augen der Geliebten, und die Nacht dehnt sich hin wie ein Gewand; für die Augen der Liebe schimmert das Heer der Sterne am Himmel wie ein Band aus Haar und Seide. Ebenso in der hellen Welt des Tages: gurren die Tauben in der Birke am Haus nicht ganz so, als brächten sie Grüße von der Geliebten, und formt sich die Stirn jener Wolke am Himmel nicht ganz wie ein liebes Gesicht?

Wenn in der Liebe alles Gegenständliche sich wie notwendig zum Symbol verdichtet, wenn Raum und Zeit in ihr sich aufheben zu einer ständigen beseligenden Gegenwart der Geliebten – jede Zwiesprache ist nur wie das Versprechen einer unerreichbaren Erfüllung. Die Zeit bleibt stehen, während alles heranreift, rascher denn je – wie sollte es da nicht in der Liebe und kraft ihrer Beglaubigung auch im Absoluten gelten, daß Raum und Zeit insgesamt erste Träger, Erscheinungsbilder sind des Einzigartigen, Einmaligen und Kostbaren, das die Person des anderen in ihrem ganzen Sein und Werden ausmacht und umschließt? Die Liebe erkennt und erfühlt die geistige Gestalt des anderen, die nicht in Zeit und Raum, im Spiel der Zufälle begründbar und verstehbar ist.

Die Liebe ist durch den Tod nicht zu entmutigen. Wo die Sinne nichts anderes wahrnehmen können als das grausame Werk der Zerstörung des Schönsten, erkennen die Augen der Liebe das Hervortreten der eigentlichen, unverfälschten Gestalt, ein Hinübergehen in die Gegenwart der Ewigkeit. Ohne einen solchen Glauben an die Unsterblichkeit des Geliebten wäre die Liebe nichtig und der Tod allmächtig; aber die Verwandlung der Sinne, zu welcher die Liebe das ganze Leben erzieht, wird vom Tod eher bestätigt als widerlegt. Das Allerinnerlichste, die Sprache des Herzens, die Berührung der Seelen, ist in sich selbst Beweis, Verheißung und Erfüllung einer Seligkeit, die von Gott selber ist und nie vergeht.

Psychoanalyse und Moraltheologie 15–19

EINE JEDE LIEBE ABER, die den anderen in der Schönheit seines Wesens entdeckt, die warm genug ist, seine Kräfte auf Gott hin zu entfalten und sein Herz weit genug zu machen, um Gott in sich aufzunehmen, eine solche Liebe kann nur denken, daß der andere unsterblich ist. Sie selbst ist das sprechendste Zeugnis von Gottes ewiger Güte. Sie selbst ist wie ein Weg zurück zu jenem Schöpfungsmorgen, als Gott sprach: Es werde Licht. – Und es ist wie ein ewiges Wort, das wir einer für den anderen sprechen, bis wir im Himmel uns wiedersehen: „Im Glanz der Sonne *werde* dein Name, *reife* dein Wesen; kehre zurück aus dem Schweigen der Räume des Alls nach den wenigen Jahren des irdischen Daseins, zurück in die ewige Heimat dessen, der euch erschuf. Er, der von Ewigkeit her an dich dachte, wird in Ewigkeit niemals deiner vergessen."

Markus II, 283

WIE DENN, MAN SOLLTE LEBEN mit einem Menschen an der Seite, der begabt ist mit der Kraft der Ewigkeit? Der Mensch neben uns wäre berufen, ein ewiges Leben in sich zu tragen? Dann zerbräche all das, worauf sich für gewöhnlich unsere „Ordnung" gründet, z. B. das so selbstgewisse Einteilungsverfahren: du gehörst zu mir, du gehörst zu jenem; du bist mein Besitz, ich bin dein Besitz, – dies alles womöglich gerechtfertigt noch unter dem Vorzeichen der Liebe, gefordert sogar unter dem Stichwort der Ehe. Als ob man mit Menschen so umgehen könnte, wie wenn sie Besitzstücke, Prunkstücke, Anstecknadeln, Trophäen, Skalps, je wie es beliebt, wären! In dieser Weise verbriefter Besitzrechte weiterleben – *das* freilich kann man nicht mehr, wenn es die Ewigkeit gibt. Man kann die Würde, die Größe, die unendliche Kraft der Freiheit eines jeden Menschen an unserer Seite nicht mehr verleugnen und nicht mehr schänden, wenn es die Ewigkeit gibt. Niemand ist dann mehr befugt, sich hinzustellen und zu sagen: meine Frau, mein Kind, mein Hund, mein Haus, mein Baum, mein Auto, mein alles. Nichts gehört im Schatten der Ewigkeit letztlich uns selber, sondern wir alle miteinander gehören einzig zu Gott.

Markus II, 279

Un(d)endlich leben

oder:
Wohin wir kommen,
wenn wir gehen

GEWISS, IN ANBETRACHT DES KOSMOS, als reine Gebilde der Materie, sind wir winzige Wesen, ist unsere Erde nur ein Staubkorn und ist selbst unsere Sonne nur so groß wie eine Erbse; schon rein zeitlich ist unser Dasein, gemessen an den Dimensionen des Kosmos, weniger als das Leben einer Eintagsfliege. Aber sollte man Gott, der die riesigen Räume erschuf, der die Hunderte von Milliarden Sonnen zu einer einzigen Milchstraße formte und aus Hunderten von Milliarden Galaxien das Weltall bildete, nicht auch zutrauen, daß er die winzigen Samenkörner des Geistes – fähig, ihn anzuschauen mit Augen, die ihm gleichen, begierig, sich zurückzusehnen nach ihm als ihrem Ursprung, – *einsammeln* möchte aus den Tiefen des Alls und sie zurückführen möchte zu unserer ewigen Heimat?

Markus II, 278

WIR MENSCHEN TRAGEN WESENSNOTWENDIG die Sehnsucht nach Unendlichkeit in uns; wir verzehren uns aus Durst nach Unsterblichkeit; und wir müssen schon sehr weit in der Verzweiflung abgestumpft sein, um solche Gefühle gar nicht mehr zu kennen. Ja, wir müßten unsere Seele schon sehr stranguliert haben, um uns in den Kategorien des Endlichen zur Ruhe zu setzen und den seelischen Erstickungstod des Alltags beinahe wie eine Erleichterung von allen wesentlichen Fragen zu begrüßen. Nein, für jemanden, der in der Wüste verdurstet, ist der Durst ein *Beweis*, daß es Wasser geben muß, selbst wenn an dem Ort, da er lebt, weit und breit kein Wasser zu finden ist. Daß es Durst gibt, zeigt unwiderleglich, daß es Wasser gibt, denn ohne das Wasser gäbe es keinen Durst. Und so ganz analog: Daß wir Menschen an Gott denken können, zeigt, daß es ihn gibt, denn sonst würde in unseren Kopf ein solcher Gedanke gar nicht hineinkommen können; und schon weil wir uns nach der Unendlichkeit sehnen, zeigt dies, daß wir aus dem Unendlichen kommen und in das Unendliche gehen.

Markus II, 278f.

DIE ALLEIN WICHTIGE FRAGE ... lautet, wie wir das Glück des Himmels ein Stück weit hier auf Erden vorweg lernen können. Befähigt sind wir, in dem anderen, in unserem Bruder, in unserer Schwester, einen Menschen zu sehen, der zwar im Augenblick noch auf der Erde wohnt, doch dessen Stirn bereits den Himmel berührt; in seiner Sprache weht der Atemwind des Ewigen, in seinen Augen schimmert eine Seele, die berufen ist, zu Gott zurückzukehren. Nur scheinbar leben wir als Körperwesen wirklich. Die körperliche Existenz ist nur die erste Form, Geist zu ermöglichen; sie ist der Anfang der Ewigkeit, der Beginn der Unendlichkeit, eine Hülle, die eines Tages ihren Wert verliert, wie der Kokon für eine Raupe, die zum Schmetterling geworden ist. Und wenn auch in der Ewigkeit der Unterschied zwischen der Seele einer Frau und der Seele eines Mannes wohl nicht gänzlich aufhören wird, so könnten und sollten wir doch heute schon damit aufhören, unter dem Firmenschild der Liebe einander mit Besitzansprüchen zu drangsalieren und einander durch die Tyrannei der Angst zu vergewaltigen. Die einzige Frage, die sich uns *wesentlich* stellt, besteht darin, wie wir es vermögen, würdig dem Himmel entgegenzureifen.

Markus II, 280

NATÜRLICH MALT SICH AUCH DAS JENSEITS nur in den Spiegelungen dieser Welt. Dennoch wird dabei das Irdische zur Verheißung und zum Versprechen einer ewigen Heimat, wie wenn wir hinfänden zu unserem eigentlichen Ursprung, zu einem Ur-Bild des Paradieses. Die Erde gewinnt ihren Mittelpunkt zurück, unser Leben zentriert sich um die richtige Achse, unser Dasein ordnet sich und findet sein Maß, gelangt hin zu der Stelle, wo der Himmel die Erde berührt und Gott unser Herz umschließt …

Aber wie wird es sein in einem himmlischen Jerusalem? Es wird so sein, meint die Geheime Offenbarung, daß man sich eine Stadt denken muß, die geschmückt ist mit Liebe. So gibt es manche Nachmittage, an denen beginnen die Steine zu reden in der Sprache der Sehnsucht, und alle Mauern reden Worte der Liebe, und der Wind in den Straßen flüstert Worte der Zärtlichkeit. Und alles redet nur von den Menschen, denen man am nächsten ist in der Liebe …

Wir werden Gott nicht sehen können mit den Augen unserer Endlichkeit, aber wir werden ihn unter uns spüren im Kraftfeld der Liebe, seine Stimme wissen im Gesang der Poesie und seine Nähe unvergeßlich, deutlich, bis zur Grenze des Sichtbaren, in den Augen des anderen fühlen … Es werden jenseits der Marke des Todes die Unterschiede zwischen den Menschen nicht aufhören, denn sie bedingen, was wir als Personen sind; die Unterschiede zwischen Mann und Frau werden nicht aufhören, denn unterschiedlich malt sich die Welt in der Seele eines Mannes und im Herzen einer Frau, die Liebe bedarf dieser Unterschiede. Aber es werden aufhören die Unterschiede der Kulturen, der Rassen und Nationen. Bleiben wird nur, was wesentlich ist im Gesang der Ewigkeit. Einzig so kann man sich eine Ewigkeit „vorstellen" – in der es keine Traurigkeit und keine Klage, keine Mühsal und keine Tränen gibt. In Ewigkeit können wir wünschen und hoffen, aufeinander zuzureifen und immer tiefer uns zu verwurzeln in dem gemeinsamen Grund der Liebe, die wir Gott nennen. Denn Langeweile schließt die Liebe aus, Müdigkeit und Herzensschwäche verträgt sich nicht mit ihrer Begeisterung, und der nie erlahmende Schwung des Glücks wird uns verbinden mit uns selber, miteinander und darin als sein Volk in Ewigkeit mit Gott.

Was uns Zukunft gibt 216–218

Quellenverzeichnis

Angegeben sind jeweils die erste Auflage sowie ggf. Neuausgaben.

An ihren Früchten sollt ihr sie erkennen. Antwort auf Rudolf Peschs und Gerhard Lohfinks Tiefenpsychologie und keine Exegese. Olten/Freiburg i. Br. 1988

Brüderchen und Schwesterchen. Märchen Nr. 11 aus der Grimmschen Sammlung. Olten/Freibug i. Br. 1990 (Neuausgabe 2003)

Das Markusevangelium. Bilder von Erlösung. Bd. 1: Olten 1987, Bd. 2: Olten 1988

Das Matthäusevangelium. Bilder der Erfüllung. Bd. 1: Olten 1992, Bd. 2: Olten 1994, Bd. 3: Olten 1995

Das Richtige im Leben tun. Wie wir unseren Weg finden. Ostfildern 2013

Dein Name ist wie der Geschmack des Lebens. Tiefenpsychologische Deutung der Kindheitsgeschichte nach dem Lukasevangelium. © Verlag Herder, Freiburg i. Br. 1986. Mit freundlicher Genehmigung von der Verlag Herder GmbH

Den eigenen Weg gehen. Predigten zu den Büchern Exodus bis Richter (hg. von B. Marz). München/Zürich 1995

Der Froschkönig. Grimms Märchen tiefenpsychologisch gedeutet. Düsseldorf/Zürich 2003

Der goldene Vogel. Märchen Nr. 57 aus der Grimmschen Sammlung (mit Ingritt Neuhaus). Olten 1982

Der sechste Tag. Die Herkunft des Menschen und die Frage nach Gott. (Glauben in Freiheit Bd. 3: Religion und Naturwissenschaft, 1. Teil.) Zürich/Düsseldorf 1998 (3., erweiterte Auflage 2004)

Der Trommler. Märchen Nr. 193 aus der Grimmschen Sammlung. Olten/Freiburg i. Br. 1987

Die kluge Else/Rapunzel. Märchen Nr. 34 und Nr. 12 aus der Grimmschen Sammlung. Olten/Freiburg i. Br. 1986

Eine Liebe stärker als der Tod. Meditationen zu Passion und Ostern. Düsseldorf 2006

Ein Mensch braucht mehr als nur Moral. Über Tugenden und Laster. Düsseldorf/Zürich 2001

Glauben in Freiheit. Bd. 1: Dogma, Angst und Symbolismus. Solothurn/Düsseldorf 1993

Hat der Glaube Hoffnung? Von der Zukunft der Religion am Beginn des 21. Jahrhunderts. Düsseldorf/Zürich 2000

Ich steige hinab in die Barke der Sonne. Alt-Ägyptische Meditationen zu Tod und Auferstehung in bezug auf Joh 20/21. Olten/Freiburg i. Br. 1989

Jesus von Nazareth. Befreiung zum Frieden (Glauben in Freiheit Bd. 2.) Zürich/ Düsseldorf 1996
Jesus von Nazareth – Bild eines Menschen. Düsseldorf 2008
Kleriker. Psychogramm eines Ideals. Olten/Freiburg i. Br. 1989 (Neuausgabe 2001)
Leben, das dem Tod entwächst. Predigten zur Passions- und Osterzeit (hg. von B. Marz). Düsseldorf 1991
Leise von Gott reden. Meditationen. Düsseldorf 2005 (Neuausgabe Ostfildern 2014)
Liebe, Leid und Tod. Daseinsdeutung in antiken Mythen. Ostfildern 2013
Marienkind. Märchen Nr. 3 aus der Grimmschen Sammlung (mit Ingritt Neuhaus). Olten/Freiburg i. Br. 1984
Psycholanalyse und Moraltheologie. Bd. 1: Angst und Schuld, Mainz, 10. Aufl. 1991; Bd. 2: Wege und Umwege der Liebe, ebd., 8. Aufl. 1991. Bd. 3: An den Grenzen des Lebens, ebd., 4. Aufl. 1990
Schneeweißchen und Rosenrot. Märchen Nr. 161 aus der Grimmschen Sammlung. Olten 1993 (Neuausgabe 2004)
Tiefenpsychologie und Exegese. Bd. 1: Traum, Mythos, Märchen, Sage und Legende. Bd. 2: Wunder, Vision, Weissagung, Apokalypse, Geschichte, Gleichnis. Olten/Freiburg i. Br. 1984/1985 (Neuausgabe 2001)
Und legte ihnen die Hände auf. Predigten über die Wunder Jesu (hg. von B. Marz). Düsseldorf 1993
Voller Erbarmen rettet er uns. Die TobitLegende tiefenpsychologisch gedeutet (mit Ingritt Neuhaus). © Verlag Herder, Freiburg i. Br. 1985. Mit freundlicher Genehmigung von der Verlag Herder GmbH
Was uns Zukunft gibt. Vom Reichtum des Lebens. Olten/Freiburg i. Br. 1991 (Neuausgabe 2003)
Wege in ein unentdecktes Land, in: Lebenskraft Angst. Wandlung und Befreiung (hg. von R. Walter). © Verlag Herder, Freiburg i. Br. 1987. Mit freundlicher Genehmigung von der Verlag Herder GmbH
Wendepunkte oder Was eigentlich besagt das Christentum? Ostfildern 2014
Wenn der Himmel die Erde berührt. Meditationen zu den Gleichnissen Jesu. Düsseldorf 1992 (erweiterte Neuausgabe Ostfildern 2012)
Wer hat, dem wird gegeben. Die Gleichnisse Jesu. Gespräche mit Richard Schneider. Düsseldorf 2008
Wort des Heils, Wort der Heilung. Von der befreienden Kraft des Glaubens. Gespräche und Interviews (hg. von B. Marz). Bd. I: Düsseldorf 1988, Bd. II: Düsseldorf 1989, Bd. III: Düsseldorf 1989, Bd. IV: Düsseldorf 1993